KB033882

내 맘대로
일본어
독학 첫걸음

내맘대로 일본어 독학 첫걸음

저 자 이원준
발행인 고본화
발 행 반석북스
2024년 5월 20일 초판 3쇄 인쇄
2024년 5월 25일 초판 3쇄 발행
반석출판사 | www.bansok.co.kr
이메일 | bansok@bansok.co.kr
블로그 | blog.naver.com/bansokbooks

07547 서울시 강서구 양천로 583, B동 1007호
(서울시 강서구 염창동 240-21번지 우림블루나인 비즈니스센터 B동 1007호)
대표전화 02) 2093-3399 **팩 스** 02) 2093-3393
출 판 부 02) 2093-3395 **영업부** 02) 2093-3396
등록번호 제315-2008-000033호

ISBN 978-89-7172-943-4 (13730)

내 맘대로
일본어
독학 첫걸음

반석
북스

머리말

지구촌 시대인 오늘날 다른 언어를 배우는 것은 생존의 필수 요소가 되어버렸습니다. 특히 우리와 가까운 나라인 일본은 우리와 정치, 경제, 사회, 문화의 여러 분야에서 밀접하게 얽혀있기에 일본어를 배우는 것은 아주 중요한 일이 되었습니다. 하지만 가깝고도 먼 나라 일본의 언어는 우리말과는 전혀 다르지요. 수많은 일본어 교재들이 나오고 학습법이 나왔지만 여전히 일본어 교육은 일본어를 배울 때의 어려움을 해결하지 못하고 있습니다.

언어를 가장 효과적으로 배우는 방법은 상황을 보고 배우는 것입니다. 언어를 사용할 때는 대부분 특정 상황에 맞춰서 사용하기 때문입니다. 일본어도 마찬가지입니다. 아무리 교실에서 어려운 문법과 읽는 법을 배워도 실제 상황에서 사용할 수 없으면 소용이 없습니다. 안타깝게도 많은 일본어 학습자들이 아는 것은 많지만 실제로 일본어를 쓸 때는 아는 것을 잘 활용하지 못하는 것이 현실입니다. 왜 이런 일이 일어날까요? 그 이유는 우리나라 대부분의 일본어 학습에 회화가 결여되어 있기 때문입니다. 그리고 회화를 배운다고 해도 특정 상황에서 배우는 것이 아니라 교실에서만 배우기 때문에 밖에 나가면 당황하고 말을 못하는 것입니다. 그렇기에 일본어를 잘하기 위해서는 쉬운 표현이라도 우선 상황에 맞는 표현을 숙지하는 것이 필요합니다. 이러한 점을 고려하여 이 책은 100가지 상황에 기초한 표현들을 모아 놓았습니다. 이 100가지 상황만 잘 숙지하고 응용할 수 있으면 다른 수많은 상황에서도 일본어를 쓸 수 있을 것입니다. 많은 일본어 학습자들이 이 책을 통해 일본어 실력을 늘리고 원어민들과 자유롭게 이야기할 수 있게 되기를 바랍니다.

저자 **이원준**

이 책의 특징

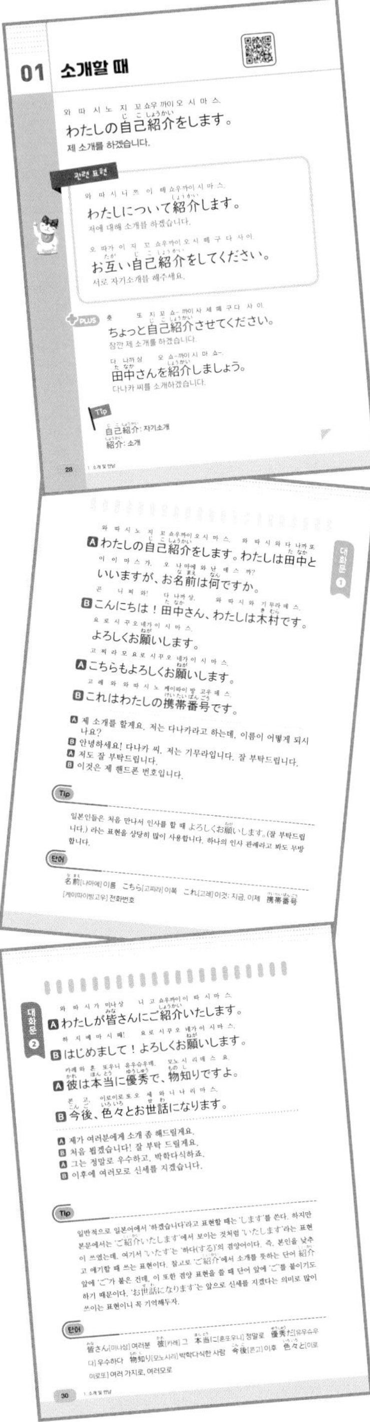

01 소개할 때

わたしの自己紹介をします。
제 소개를 하겠습니다.

관련 표현

わたしについて紹介します。
저에 대해 소개를 하겠습니다.

お互い自己紹介をしてください。
서로 자기소개를 해주세요.

PLUS

ちょっと自己紹介させてください。
잠깐 제 소개를 하겠습니다.

田中さんを紹介しましょう。
다나카 씨를 소개하겠습니다.

Tip

自己紹介: 자기소개
紹介: 소개

대화문 1

A わたしの自己紹介をします。わたしは田中といいますが、お名前は何ですか。
B こんにちは！田中さん、わたしは木村です。よろしくお願いします。
A こちらもよろしくお願いします。
B これはわたしの携帯番号です。

대화문 2

A わたしが皆さんにご紹介いたします。
B はじめまして！よろしくお願いします。
A 彼は本当に優秀で、物知りですよ。
B 今後、色々とお世話になります。

★ 이 책은 크게 8가지 주제가 있고 100가지 상황에 주로 사용되는 표현들을 포함하고 있습니다. 각 상황마다 3가지 핵심 표현들을 배우고 두 개의 대화문을 통해서 이 표현들을 연습할 수 있습니다. 각 대화문은 총 네 개의 문장으로 이루어져서 추가적으로 나오는 표현들을 합치면 총 10개 정도의 표현들을 접할 수 있습니다. 새로 나오는 단어들은 각 페이지 밑에 있는 단어 노트를 통해서 바로 확인할 수 있습니다.

★ 어려운 부분에 대한 이해를 돕기 위해 각 페이지에 단어의 쓰임, 쉽게 외우는 법, 문법 등을 소개하는 Tip 파트를 두어 혼자서도 쉽게 공부할 수 있도록 구성되어 있습니다. 물론 학원이나 개인 선생님을 통해서 학습을 하는 것도 가능합니다.

★ 원어민이 직접 녹음한 음원 파일과 QR코드를 제공하고 있어서 먼저 읽고 이해한 후에 음원 파일을 들으면 훨씬 더 효과적으로 공부할 수 있습니다.

★ 각 문장 위에 한국어 발음이 적혀 있어서 일본어 발음을 읽을 수 없거나 일본어 발음에 익숙하지 않은 분들은 한글 발음 표기를 보고 공부할 수 있습니다. 일본어를 처음 공부하는 학습자나 초보자도 쉽게 공부할 수 있습니다.

목차

5. 의견

6. 조언

7. 일상

8. 도움

한눈에 보는 히라가나(ひらがな)

한눈에 보는 가타카나(カタカナ)

쉽게 익히는 일본어 발음

한눈에 보는 히라가나(ひらがな)

	ㅏ	ㅣ	ㅜ	ㅔ	ㅗ
ㅇ	あ 아[a]	い 이[i]	う 우[u]	え 에[e]	お 오[o]
ㅋ	か 카[ka]	き 키[ki]	く 쿠[ku]	け 케[ke]	こ 코[ko]
ㅅ	さ 사[sa]	し 시[si]	す 스[su]	せ 세[se]	そ 소[so]
ㅌ	た 타[ta]	ち 치[chi]	つ 츠[tsu]	て 테[te]	と 토[to]
ㄴ	な 나[na]	に 니[ni]	ぬ 누[nu]	ね 네[ne]	の 노[no]
ㅎ	は 하[ha]	ひ 히[hi]	ふ 후[hu/fu]	へ 헤[he]	ほ 호[ho]
ㅁ	ま 마[ma]	み 미[mi]	む 무[mu]	め 메[me]	も 모[mo]
야	や 야[ya]		ゆ 유[yu]		よ 요[yo]
ㄹ	ら 라[ra]	り 리[ri]	る 루[ru]	れ 레[re]	ろ 로[ro]
와	わ 와[wa]		ん 응[n]		を 오[wo]

한눈에 보는 가타카나(カタカナ)

	ㅏ	ㅣ	ㅜ	ㅔ	ㅗ
ㅇ	ア 아[a]	イ 이[i]	ウ 우[u]	エ 에[e]	オ 오[o]
ㅋ	カ 카[ka]	キ 키[ki]	ク 쿠[ku]	ケ 케[ke]	コ 코[ko]
ㅅ	サ 사[sa]	シ 시[si]	ス 스[su]	セ 세[se]	ソ 소[so]
ㅌ	タ 타[ta]	チ 치[chi]	ツ 츠[tsu]	テ 테[te]	ト 토[to]
ㄴ	ナ 나[na]	ニ 니[ni]	ヌ 누[nu]	ネ 네[ne]	ノ 노[no]
ㅎ	ハ 하[ha]	ヒ 히[hi]	フ 후[hu/fu]	ヘ 헤[he]	ホ 호[ho]
ㅁ	マ 마[ma]	ミ 미[mi]	ム 무[mu]	メ 메[me]	モ 모[mo]
야	ヤ 야[ya]		ユ 유[yu]		ヨ 요[yo]
ㄹ	ラ 라[ra]	リ 리[ri]	ル 루[ru]	レ 레[re]	ロ 로[ro]
와	ワ 와[wa]		ン 응[n]		ヲ 오[wo]

1. 청음·清音(せいおん)

あ行은 우리말의 「아·이·우·에·오」와 발음이 같다. 단, う는 「우」와 「으」의 중간음으로 입술을 내밀지도 당기지도 않는 자연스런 상태에서 발음한다.

あ	い	う	え	お
ア	イ	ウ	エ	オ
아 [a]	이 [i]	우 [u]	에 [e]	오 [o]

か行은 단어의 첫머리에 올 때는 입천장에서 나오는 강한 「카·키·쿠·케·코」와 비슷하며, 단어의 중간이나 끝에 올 때는 「까·끼·꾸·께·꼬」로 발음한다.

か	き	く	け	こ
カ	キ	ク	ケ	コ
카 [ka]	키 [ki]	쿠 [ku]	케 [ke]	코 [ko]

さ行은 우리말의 「사·시·스·세·소」와 발음이 같다. 단, す는 「수」와 「스」의 중간음으로 입술을 내밀지도 당기지도 않는 자연스런 상태에서 발음한다.

さ	し	す	せ	そ
サ	シ	ス	セ	ソ
사 [sa]	시 [si]	스 [su]	세 [se]	소 [so]

た·て·と는 단어의 첫머리에 올 때는 「다·데·도」로 발음하고, 중간이나 끝에 올 때는 「따·떼·또」로 발음한다. ち·つ는 「찌·쯔」와 「치·츠」의 중간음으로 「찌·쓰」에 가깝게 발음한다.

た	ち	つ	て	と
タ	チ	ツ	テ	ト
타 [ta]	치 [chi]	츠 [tsu]	테 [te]	토 [to]

な行은 우리말의 「나·니·누·네·노」와 발음이 같다.

な	に	ぬ	ね	の
ナ	ニ	ヌ	ネ	ノ
나 [na]	니 [ni]	누 [nu]	네 [ne]	노 [no]

は行은 우리말의 「하·히·후·헤·호」와 발음이 같다. 단 ふ는 「후」와 「흐」의 중간음으로 입술을 내밀지도 당기지도 않는 자연스런 상태에서 발음한다.

は	ひ	ふ	へ	ほ
ハ	ヒ	フ	ヘ	ホ
하 [ha]	히 [hi]	후 [fu]	헤 [he]	호 [ho]

ま行은 우리말의 「마·미·무·메·모」와 발음이 같다.

ま	み	む	め	も
マ	ミ	ム	メ	モ
마 [ma]	미 [mi]	무 [mu]	메 [me]	모 [mo]

や行은 우리말의 「야·유·요」와 발음이 같고 반모음으로 쓰인다.

や		ゆ		よ
ヤ		ユ		ヨ
야 [ya]		유 [yu]		요 [yo]

ら行은 우리말의 「라·리·루·레·로」와 발음이 같다.

ら	り	る	れ	ろ
ラ	リ	ル	レ	ロ
라 [ra]	리 [ri]	루 [ru]	레 [re]	로 [ro]

わ行의 わ·を는 「와·워」이지만 우리말의 「와·오」와 비슷한 발음으로 들린다. 단, を는 あ행의 お와 발음이 비슷하지만 단어에는 쓰이지 않고 조사 「~을(를)」의 뜻으로만 쓰인다. ん은 はねる音을 참조할 것.

わ		ん		を
ワ		ン		ヲ
와 [wa]		응 [n, m, ng]		워 [wo]

2. 반탁음·半濁音(はんだくおん)

반탁음은 は행의 오른쪽 윗부분에 반탁점(°)을 붙인 것을 말한다. 반탁음은 우리말의 「ㅍ」과 「ㅃ」의 중간음으로 단어의 첫머리에 올 경우에는 「ㅍ」에 가깝게 발음하고, 단어의 중간이나 끝에 올 때는 「ㅃ」에 가깝게 발음한다.

ぱ·パ	ぴ·ピ	ぷ·プ	ぺ·ペ	ぽ·ポ
파 [pa]	피 [pi]	푸 [pu]	페 [pe]	포 [po]

3. 탁음·濁音(だくおん)

탁음이란 か·さ·た·は(カ·サ·タ·ハ)행의 글자 오른쪽 윗부분에 탁점(")을 붙인 음을 말한다. だ행의 ぢ·づ는 ざ행의 じ·ず와 발음이 동일하여 현대어에서는 특별한 경우, 즉 연탁이 되는 경우 이외는 별로 쓰이지 않는다.

が·ガ	ぎ·ギ	ぐ·グ	げ·ゲ	ご·ゴ
가 [ga]	기 [gi]	구 [gu]	게 [ge]	고 [go]
ざ·ザ	じ·ジ	ず·ズ	ぜ·ゼ	ぞ·ゾ
자 [za]	지 [ji]	즈 [zu]	제 [ze]	조 [zo]
だ·ダ	ぢ·ヂ	づ·ヅ	で·デ	ど·ド
다 [da]	지 [ji]	즈 [zu]	데 [de]	도 [do]

ば·バ	び·ビ	ぶ·ブ	べ·ベ	ぼ·ボ
바 [ba]	비 [bi]	부 [bu]	베 [be]	보 [bo]

4. 요음·拗音(ようおん)

요음이란 い단 글자 중 자음「き·し·ち·に·ひ·み·り·ぎ·じ·び·ぴ」에 작은 글자「ゃ·ゅ·ょ」를 붙인 음을 말한다. 따라서「ゃ·ゅ·ょ」는 우리말의「ㅑ·ㅠ·ㅛ」같은 역할을 한다.

きゃ	しゃ	ちゃ	にゃ	ひゃ	みゃ	りゃ	ぎゃ	じゃ	びゃ	ぴゃ
キャ	シャ	チャ	ニャ	ヒャ	ミャ	リャ	ギャ	ジャ	ビャ	ピャ
캬	샤	챠	냐	햐	먀	랴	갸	쟈	뱌	퍄
きゅ	しゅ	ちゅ	にゅ	ひゅ	みゅ	りゅ	ぎゅ	じゅ	びゅ	ぴゅ
キュ	シュ	チュ	ニュ	ヒュ	ミュ	リュ	ギュ	ジュ	ビュ	ピュ
큐	슈	츄	뉴	휴	뮤	류	규	쥬	뷰	퓨
きょ	しょ	ちょ	にょ	ひょ	みょ	りょ	ぎょ	じょ	びょ	ぴょ
キョ	ショ	チョ	ニョ	ヒョ	ミョ	リョ	ギョ	ジョ	ビョ	ピョ
쿄	쇼	쵸	뇨	효	묘	료	교	죠	뵤	표

5. 하네루음·はねる音(おん)

はねる音인「ん」은 단어의 첫머리에 올 수 없으며, 항상 다른 글자 뒤에 쓰여 우리말의 받침과 같은 구실을 한다. 또한 ん 다음에 오는 글자의 영향에 따라「ㄴ·ㅁ·ㅇ」으로 소리가 난다. (이것은 발음의 편의를 위한 자연스런 변화이므로 특별히 신경 쓰지 않아도 된다.)

①「ㄴ(n)」으로 발음하는 경우

「さ·ざ·た·だ·な·ら」행의 글자 앞에서는「ㄴ」으로 발음한다.

②「ㅁ(m)」으로 발음하는 경우

「ば·ぱ·ま」행의 글자 앞에서는「ㅁ」으로 발음한다.

③「ㅇ(ng)」으로 발음하는 경우

「あ·か·が·や·わ」행의 글자 앞에서는 「ㅇ」으로 발음한다. 또한, 단어의 끝에서도 「ㅇ」으로 발음한다.

6. 촉음·促音(そくおん)

촉음이란 막힌 소리의 하나로 우리말의 받침과 같은 역할을 하는 것을 말한다. つ를 작은 글자 っ로 표기하여 다른 글자 밑에서 받침으로만 쓴다. 이 촉음은 하나의 음절을 갖고 있으며, 뒤에 오는 글자의 영향에 따라 「ㄱ·ㅅ·ㄷ·ㅂ」으로 발음한다.

①「ㄱ(k)」으로 발음하는 경우

か행의 글자 앞에서는 「ㄱ」으로 발음한다.

②「ㅅ(s)」으로 발음하는 경우

さ행의 글자 앞에서는 「ㅅ」으로 발음한다.

③「ㄷ(t)」으로 발음하는 경우

た행의 글자 앞에서는 「ㄷ」으로 발음한다.

④「ㅂ(p)」으로 발음하는 경우

ぱ행의 글자 앞에서는 「ㅂ」으로 발음한다.

7. 장음·長音(ちょうおん)

장음長音이란 같은 모음이 중복될 때 앞의 발음을 길게 발음하는 것을 말한다. 우리말에서는 장음의 구별이 어렵지만 일본어에서는 이것을 확실히 구분하여 쓴다. 음의 장단에 따라 그 의미가 달라지는 경우가 있으므로 주의해야 한다. 또, カタカナ에서는 장음부호를 「一」로 표기한다. 이 책의 우리말 장음 표기에서도 편의상 「一」로 처리하였다.

일본어 기초 필수 단어

01. 성별, 노소
02. 가족
03. 직업
04. 별자리
05. 혈액형
06. 띠
07. 요일
08. 숫자

★

기초 필수 단어에는 음원이 제공되지 않습니다.
앞서 학습한 일본어 문자를 바탕으로
일본어 단어를 읽고 쓰는 연습을 해 보세요.

일본어 기초 필수 단어

Unit 01 성별, 노소

여자
おんな
女
온나

남자
おとこ
男
오토꼬

노인
ろうじん
老人
로-진

중년
ちゅうねん
中年
츄-넨

소년
しょうねん
少年
쇼-넨

소녀
しょうじょ
少女
쇼-죠

청소년
せいしょうねん
青少年
세이쇼-넨

임산부
にんぷ
妊婦
닌푸

유아
ようじ
幼児
요-지

어린이
こども
子供
코도모

갓난아기
あかご
赤子
아카고

Unit 02 가족

직계 ★나의 가족 호칭 / 타인의 가족 호칭

아버지(아빠)
ちち　　とう
父 / お父さん
치치 / 오토-상

어머니(엄마)
はは　　かあ
母 / お母さん
하하 / 오카-상

언니, 누나
あね　　ねえ
姉 / お姉さん
아네 / 오네-상

형부, 매형(매부)
ぎりのあに　　ぎりのおに
義兄 / 義兄さん
기리노아니 / 기리노오니상

오빠, 형
あに　　にい
兄 / お兄さん
아니 / 오니-상

새언니, 형수
あによめ　　あによめ
兄嫁 / 兄嫁さん
아니요메 / 아니요메상

남동생

おとうと　おとうと
弟 / お弟さん
오토-토 / 오오토-토상

여동생

いもうと　いもうと
妹 / お妹さん
이모-토 / 오이모-토상

부인

つま　おく
妻 / 奥さん
츠마 / 오쿠상

아들

むすこ　むすこ
息子 / 息子さん
무스코 / 무스코상

사위

むこ　むこ
婿 / 婿さん
무코 / 무코상

남자조카

おい　おいこ
甥 / 甥子さん
오이 / 오이코상

손자

まご　まご
孫 / 孫さん
마고 / 마고상

제수, 올케

おとうとよめ　おとうとよめ
弟嫁 / 弟嫁さん
오토-토요메 / 오토-토요메상

제부, 매제

いもうとむこ　いもうとむこ
妹婿 / 妹婿さん
이모-토무코 / 이모-토무코상

남편

おっと　しゅじん
夫 / ご主人
옷토 / 고슈진

딸

むすめ　むすめ
娘 / 娘さん
무스메 / 무스메상

며느리

よめ　よめ
嫁 / 嫁さん
요메 / 요메상

여자조카

めい　めいこ
姪 / 姪子さん
메이 / 메이코상

손녀

まごむすめ　まごむすめ
孫娘 / 孫娘さん
마고무스메 / 마고무스메상

친가

★나의 가족 호칭 / 타인의 가족 호칭

친할아버지

そふ
祖父 / おじいさん
소후 / 오지-상

친할머니

そぼ
祖母 / おばあさん
소보 / 오바-상

고모

ちち　しまい
おば(父の姉妹)
/ おばさん
오바(치치노시마이) / 오바상

고모부

ちち　しまい　おっと
おじ(父の姉妹の夫)
/ おじさん
오지(치치노시마이노옷토) / 오지상

삼촌

ちち　きょうだい
おじ(父の兄弟)
/ おじさん
오지(치치노쿄우다이) / 오지상

숙모

ちち　きょうだい　つま
おば(父の兄弟の妻)
/ おばさん
오바(치치노쿄우다이노츠마) / 오바상

아버지(아빠)

ちち　とう
父 / お父さん
치치 / 오토-상

어머니(엄마)

はは　かあ
母 / お母さん
하하 / 오카-상

사촌 남자형제

いとこ　いとこ
従兄弟 / 従兄弟さん
이토코 / 이토코상

사촌 여자형제

いとこ　いとこ
従姉妹 / 従姉妹さん
이토코 / 이토코상

나

わたし
私
와타시

외가

★나의 가족 호칭 / 타인의 가족 호칭

외할아버지

がいそふ
外祖父 / おじいさん
가이소후 / 오지-상

외할머니

がいそぼ
外祖母 / おばあさん
가이소보 / 오바-상

외삼촌

はは　きょうだい
おじ(母の兄弟)
/ おじさん
오지(하하노쿄우다이) / 오지상

외숙모

はは　きょうだい　つま
おば(母の兄弟の妻)
/ おばさん
오바(하하노쿄우다이노 츠마) / 오바상

이모

はは　しまい
おば(母の姉妹) / おばさん
오바(하노시마이) / 오바상

이모부

はは　しまい　おっと
おじ(母の姉妹の夫) / おじさん
오지(하하노시마이노옷토) / 오지상

어머니(엄마)

はは　かあ
母 / お母さん
하하 / 오카-상

아버지(아빠)

ちち　とう
父 / お父さん
치치 / 오토-상

외사촌 남자형제

いとこ　いとこ
従兄弟 / 従兄弟さん
이토코 / 이토코상

외사촌 여자형제

いとこ　いとこ
従兄弟 / 従兄弟さん
이토코 / 이토코상

Unit 03 직업

간호사

かんごふ
看護婦
칸고후

약사

やくざいし
薬剤士
야쿠자이시

의사

いしゃ
医者
이샤

가이드

ガイド
가이도

선생님/교사

せんせい　きょうし
先生 / 教師
센세이 / 쿄-시

교수

きょうじゅ
教授
쿄-쥬

가수

かしゅ
歌手
카슈

음악가

おんがくか
音楽家
온가쿠카

화가

がか
画家
가카

소방관

しょうぼうかん
消防官
쇼우보우칸

경찰관

けいさつかん
警察官
케이사츠칸

공무원
こうむいん
公務員
코-무인

요리사
りょうりにん
料理人
료-리닌

디자이너
デザイナー
데자이나-

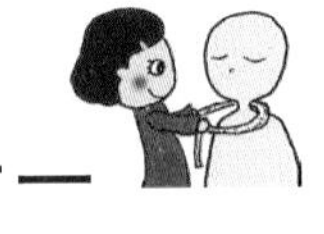

승무원
スチュワーデス
스츄와-데스

판사
はんじ
判事
한지

검사
けんじ
検事
켄지

변호사
べんごし
弁護士
벤고시

사업가
じぎょうか
事業家
지교우카

회사원
かいしゃいん
会社員
카이샤인

학생
がくせい
学生
각세이

운전기사
うんてんしゅ
運転手
운텐슈

농부
のうふ
農夫
노-후

가정주부
しゅふ
主婦
슈후

작가
さっか
作家
삿카

정치가
せいじか
政治家
세-지카

세일즈맨
セールスマン
세-루스만

미용사
びようし
美容師
비요-시

군인
ぐんじん
軍人
군진

은행원
ぎんこういん
銀行員
긴코우인

엔지니어
エンジニア
엔지니아

통역원
つうやくいん
通役員
츠우야쿠인

비서
ひしょ
秘書
히쇼

회계사
かいけいし
会計士
가이케이시

이발사
りはつし
理髪師
리하츠시

배관공
はいかんこう
配管工
하이칸코-

수의사
じゅうい
獣医
쥬-이

건축가
けんちくか
建築家
켄치쿠카

편집자
へんしゅうしゃ
編集者
헨슈-샤

성직자
せいしょくしゃ
聖職者
세이쇼쿠샤

심리상담사
しんり
心理カウンセラー
신리카운세라-

형사(사법경찰)
けいじ
刑事
케이지

방송국PD
ほうそうきょく
放送局PD
호-소-쿄쿠피디

카메라맨
カメラマン
카메라만

예술가
アーチスト
아-치스토

영화감독
えいがかんとく
映画監督
에이가칸토쿠

영화배우
えいがはいゆう
映画俳優
에이가하이유-

운동선수
うんどうせんしゅ
運動選手
운도-센슈

목수
だいく
大工
다이쿠

프리랜서
フリーランサー
후리-란사-

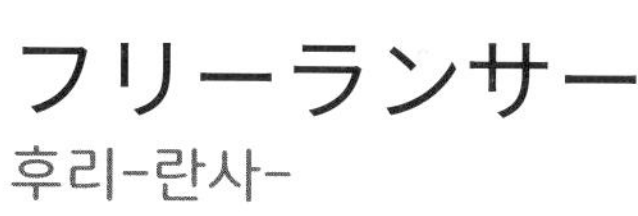

Unit 04 별자리

양자리
おひつじざ
牡羊座
오히츠지자

황소자리
おうしざ
牡牛座
오우시자

쌍둥이자리
ふたござ
双子座
후타고자

게자리
かにざ
蟹座
카니자

사자자리
ししざ
獅子座
시시자

처녀자리
おとめざ
乙女座
오토메자

천칭자리
てんびんざ
天秤座
텐빈자

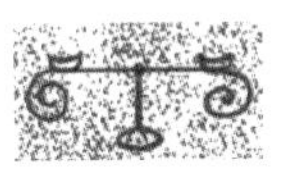

전갈자리
さそりざ
蠍座
사소리자

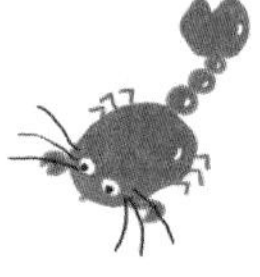

사수자리
いてざ
射手座
이테자

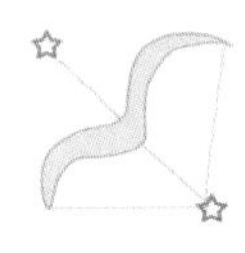

염소자리
やぎざ
山羊座
야기자

물병자리
みずがめざ
水瓶座
미즈가메자

물고기자리
うおざ
魚座
우오자

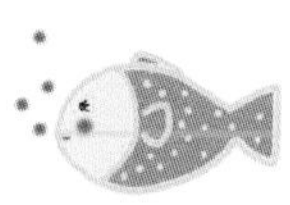

Unit 05 혈액형

A형
がた
A型
에이가타

B형
がた
B型
비가타

O형
がた
O型
오가타

AB형
がた
AB型
에이비가타

Unit 06 띠

쥐
ねずみ
鼠
네즈미

소
うし
牛
우시

호랑이
とら
虎
토라

토끼
うさぎ
兎
우사기

용
たつ
竜
다츠

뱀
へび
蛇
헤비

말
うま
馬
우마

양
ひつじ
羊
히츠지

원숭이
さる
猿
사루

닭
にわとり
鶏
니와토리

개
いぬ
犬
이누

돼지
いのしし
猪
이노시시

Unit 07 요일

월요일
げつようび
月曜日
게츠요-비

화요일
かようび
火曜日
카요-비

수요일
すいようび
水曜日
스이요-비

목요일
もくようび
木曜日
무쿠요-비

금요일
きんようび
金曜日
킨요-비

토요일
どようび
土曜日
도요-비

일요일
にちようび
日曜日
니치요-비

Unit 08 숫자

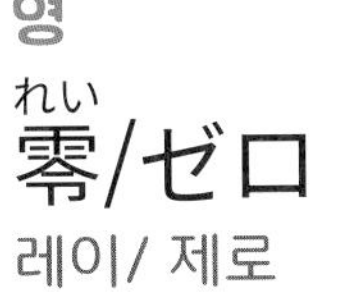

영
れい
零/ゼロ
레이/ 제로

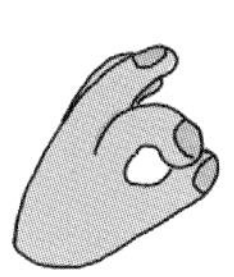

일
いち
一
이치

이
に
二
니

일본어 기초 필수 단어

삼
さん
三
산
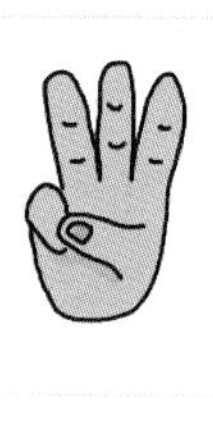

사
し/よん
四
시/욘

오
ご
五
고

육
ろく
六
로쿠

칠
しち/なな
七
시치/ 나나

팔
はち
八
하치
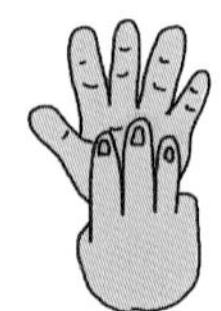

구
きゅう
九
큐-

십
じゅう
十
쥬-

이십
に じゅう
二十
니쥬-

삼십
さんじゅう
三十
산쥬-

사십
よんじゅう
四十
욘쥬-

오십
ご じゅう
五十
고쥬-

육십
ろくじゅう
六十
로쿠쥬-

칠십
ななじゅう
七十
나나쥬-

70

팔십
はちじゅう
八十
하치쥬-

구십
きゅうじゅう
九十
큐-쥬-

백
ひゃく
百
햐쿠

100

천
せん
千
센

만
まん
万
만

십만
じゅうまん
十万
쥬-만

100,000

백만
ひゃくまん
百万
햐쿠만

천만
せんまん
千万
센만

억
おく
億
오쿠

조
ちょう
兆
쵸-

1,000,000
000,000

소개 및 만남

누군가를 만나서 소개를 하는 일은 매우 일상적인 일입니다.
소개나 만남을 통해서 나올 수 있는 여러 가지 표현을 정리했습니다. 이를 통해 소개 및 만남에서 나올 수 있는 표현을 구사할 수 있습니다.

01 소개할 때

와 따 시 노 지 꼬 쇼우 까이 오 시 마 스.

わたしの自己紹介(じこしょうかい)をします。

제 소개를 하겠습니다.

관련 표현

와 따 시 니 쯔 이 떼 쇼우까이 시 마 스.

わたしについて紹介(しょうかい)します。

저에 대해 소개를 하겠습니다.

오 따가 이 지 꼬 쇼우까이 오 시 떼 구 다 사 이.

お互(たが)い自己紹介(じこしょうかい)をしてください。

서로 자기소개를 해주세요.

PLUS

춋 또 지 꼬 쇼– 까이 사 세 떼 구 다 사 이.

ちょっと自己紹介(じこしょうかい)させてください。

잠깐 제 소개를 하겠습니다.

다 나까 상 오 쇼–까이 시 마 쇼–.

田中(たなか)さんを紹介(しょうかい)しましょう。

다나카 씨를 소개하겠습니다.

自己紹介(じこしょうかい): **자기소개**

紹介(しょうかい): **소개**

대화문 1

와 따 시 노 지 꼬 쇼우까이 오 시 마 스. 와 따 시 와 다 나까 또
A わたしの自己紹介(じこしょうかい)をします。わたしは田中(たなか)と

이 이 마 스 가, 오 나마에 와 난 데 스 까?
いいますが、お名前(なまえ)は何(なん)ですか。

곤 니 찌 와! 다 나까 상, 와 따 시 와 기 무라 데 스.
B こんにちは！田中(たなか)さん、わたしは木村(きむら)です。

요 로 시 꾸 오 네가 이 시 마 스.
よろしくお願(ねが)いします。

고 찌 라 모 요 로 시 꾸 오 네가 이 시 마 스.
A こちらもよろしくお願(ねが)いします。

고 레 와 와 따 시 노 케이따이 방 고우 데 스.
B これはわたしの携帯番号(けいたいばんごう)です。

A 제 소개를 할게요. 저는 다나카라고 하는데, 이름이 어떻게 되시나요?
B 안녕하세요! 다나카 씨, 저는 기무라입니다. 잘 부탁드립니다.
A 저도 잘 부탁드립니다.
B 이것은 제 핸드폰 번호입니다.

Tip

일본인들은 처음 만나서 인사를 할 때 よろしくお願(ねが)いします。(잘 부탁드립니다.) 라는 표현을 상당히 많이 사용합니다. 하나의 인사 관례라고 봐도 무방합니다.

단어

名前(なまえ)[나마에] 이름　こちら[고찌라] 이쪽　これ[고레] 이것; 지금, 이제　携帯番号(けいたいばんごう)[케이따이방고우] 전화번호

대화문 2

와 따 시 가 미나상 니 고 쇼우까이이 따 시 마 스.

A わたしが皆(みな)さんにご紹介(しょうかい)いたします。

하 지 메 마 시 떼! 요 로 시 꾸 오 네가이 시 마 스.

B はじめまして！よろしくお願(ねが)いします。

카레 와 혼 또우니 유우슈우데, 모노 시 리 데 스 요.

A 彼(かれ)は本当(ほんとう)に優秀(ゆうしゅう)で、物知(ものし)りですよ。

콘 고, 이로이로 또 오 세 와 니 나 리 마 스.

B 今後(こんご)、色々(いろいろ)とお世話(せわ)になります。

A 제가 여러분에게 소개 좀 해드릴게요.
B 처음 뵙겠습니다! 잘 부탁 드릴게요.
A 그는 정말로 우수하고, 박학다식하죠.
B 이후에 여러모로 신세를 지겠습니다.

Tip

일반적으로 일본어에서 '하겠습니다'라고 표현할 때는 'します'를 쓴다. 하지만 본문에서는 'ご紹介(しょうかい)いたします'에서 보이는 것처럼 'いたします'라는 표현이 쓰였는데, 여기서 'いたす'는 '하다(する)'의 겸양어이다. 즉, 본인을 낮추고 얘기할 때 쓰는 표현이다. 참고로 'ご紹介(しょうかい)'에서 소개를 뜻하는 단어 紹介(しょうかい) 앞에 'ご'가 붙은 건데, 이 또한 겸양 표현을 쓸 때 단어 앞에 'ご'를 붙이기도 하기 때문이다. 'お世話(せわ)になります'는 앞으로 신세를 지겠다는 의미로 많이 쓰이는 표현이니 꼭 기억해두자.

단어

皆(みな)さん[미나상] 여러분 彼(かれ)[카레] 그 本当(ほんとう)に[혼또우니] 정말로 優秀(ゆうしゅう)だ[유우슈우다] 우수하다 物知(ものし)り[모노시리] 박학다식한 사람 今後(こんご)[콘고] 이후 色々(いろいろ)と[이로이로또] 여러 가지로, 여러모로

02 처음 만났을 때

오 아이데 끼떼 우레시 이데 스.

お会(あ)いできて嬉(うれ)しいです。

만나 뵙게 되어 기쁩니다.

관련 표현

하 지 메 마 시 떼. 도- 조 요 로 시 꾸.

はじめまして。どうぞよろしく。

처음 뵙겠습니다. 잘 부탁합니다.

아 나 따 니 오 아 이 데 끼 떼 코오에에 데 스.

あなたにお会(あ)いできて光栄(こうえい)です。

당신을 알게 되어 영광입니다.

PLUS

오 메 니 카 까 레 떼 코- 에- 데 스.

お目(め)にかかれて光栄(こうえい)です。

뵙게 되어 영광입니다.

↳ 우리말에서는 「영광(榮光)」이라고 하지만 일본어에서는 반대로 「光榮」이라고 한다.

Tip

お会(あ)いする。(만나 뵙다)는 会(あ)う(만나다)의 높임말이다. 일반적으로 청자가 화자보다 높은 사람일 때 높임말을 쓴다.

대화문 1

미따니 상, 오 아 이 데 끼 떼 우레시 이 데 스.

A 三谷(みたに)さん、お会(あ)いできて嬉(うれ)しいです。

고 찌 라 코 소 요시모또 상 니 오 아 이 데 끼 떼 코오에에 데 스.

B こちらこそ吉本(よしもと)さんにお会(あ)いできて光栄(こうえい)です。

고 레 와 와 따 시 노 메에시 난 데 스 가.

A これはわたしの名刺(めいし)なんですが、

고 레 까 라 고 노 렌 라꾸사끼니 고 렌 라꾸 구다 사 이.

これからこの連絡先(れんらくさき)にご連絡(れんらく)ください。

하 이.

B はい。

A 미타니 씨, 만나 뵙게 되어 기쁩니다.
B 저도 요시모토 씨를 만나 뵙게 되어 영광입니다.
A 이건 저의 명함인데, 이후에 이 연락처로 연락 주세요.
B 네.

Tip

こちらこそ는 '저야말로'라는 뜻으로, 격식을 차리는 대화에서 일본인들이 자주 쓰는 표현이다.

단어

嬉(うれ)しい[우레시이] 기쁘다 光栄(こうえい)だ[코우에에다] 영광이다 名刺(めいし)[메에시] 명함
連絡(れんらく)[렌라꾸] 연락

요시다 상 니 오 아 이 데 끼 떼 우레시 이 데 스.
A 吉田(よしだ)さんにお会(あ)いできて嬉(うれ)しいです。

고 찌 라 코 소 다 나까 상 니 오 아 이 데 끼 떼 우레시 이 데 스.
B こちらこそ田中(たなか)さんにお会(あ)いできて嬉(うれ)しいです。

메에 시 이찌마이이 따 다 이 떼 모 요 로 시 이 데 쇼 오 까?
A 名刺(めいし)一枚(いちまい)いただいてもよろしいでしょうか。

하 이, 도 오 조.
B はい、どうぞ。

A 요시다 씨를 알게 되어 기쁩니다.
B 저야말로 다나카 씨를 알게 되어 기쁩니다.
A 명함 한 장 주실 수 있나요?
B 네, 여기 있습니다.

Tip

いただく(받다)는 もらう(받다)의 겸양어이다. 즉, 화자가 자기보다 지위가 높은 청자를 앞에 두고 대화를 할 때 쓰는 표현이다.

단어

一枚(いちまい)[이찌마이] 한 장　よろしい[요로시이] 좋다, 나쁘지 않다, 괜찮다

どうぞ[도오조] 아무쪼록, 부디, 승낙을 나타내는 공손한 말씨

03 누군가를 소개할 때

카레와 와따시노 도모다찌데스.

彼(かれ)はわたしの友達(ともだち)です。

그는 저의 친구입니다.

관련 표현

카레와 와따시노 도모다찌데, 코오코우노 도오소오데스.

彼(かれ)はわたしの友達(ともだち)で、高校(こうこう)の同窓(どうそう)です。

그는 저의 친구이고, 고등학교 동창입니다.

고노 카따와 와따시노 도오료오데스.

この方(かた)はわたしの同僚(どうりょう)です。

이분은 저의 동료입니다.

PLUS

이상 고찌라와 다나까상 데스.

李さん、こちらは田中(たなか)さんです。

이 씨, 이분은 다나카 씨입니다.

Tip

명사 + ~で가 붙으면 '~(이)고'가 된다. 아래는 예시문이다.

카레와 쥬우니사이데, 가쿠세에다.

彼(かれ)は12才(さい)で、学生(がくせい)だ。

그는 12살이고, 학생이다.

대화문 1

카레와 와따시노 도모다찌데,
A 彼(かれ)はわたしの友達(ともだち)で、

오따가이 오쇼오까이사세떼이따다끼마스.
お互(たが)いを紹介(しょうかい)させていただきます。

쟈아, 오따가이 시리앗떼 도레 꾸라이 난데스까?
B じゃあ、お互(たが)い知(し)り合(あ)ってどれくらいなんですか。

카조에떼 미따라 쥬우넨 꾸라이니 나리마스.
A 数(かぞ)えてみたら10ねんくらいになります。

에! 오후따리와 시리앗떼 카나리 나가인데스네.
B え! お二人(ふたり)は知(し)り合(あ)ってかなり長(なが)いんですね。

A 그는 저의 친구이고, 서로 소개를 해드리겠습니다.
B 그러면 서로 아신 지 얼마나 되었나요?
A 계산해보면 십 년 정도 되었네요.
B 와! 두 분은 아신 지 정말 오래되었네요.

Tip

数(かぞ)えてみたら 이 부분의 문법 표현에 유의할 필요가 있다. 이 표현에는 세 요소가 결합되어 있다. 数(かぞ)える((수를) 세다), ~てみる(~해보다), ~たら(~(하)면) 이 세 가지인데, 먼저 数(かぞ)える와 ~てみる를 결합하면 数(かぞ)えてみる(세어보다)가 된다. 여기에 たら를 붙이면 数(かぞ)えてみたら(세어보면)이 된다.

단어

お互(たが)い[오따가이] 서로 知(し)り合(あ)う[시리아우] (서로) 알게 되다 数(かぞ)える[카조에루] 계산하다 ~くらい[꾸라이] ~정도 長(なが)い[나가이] 길다

대화문 2

샤 싱 미 세 떼 아 게 루 요.

A 写真(しゃしん)見(み)せてあげるよ。

와 따 시 노 카레 시 다 께 도, 도 오?

わたしの彼氏(かれし)だけど、どう?

에! 이 케 멘 다 네.

B え! イケメンだね。

손 나 코 또 나 이 요! 고 꾸 후 쯔으 다 요.

A そんなことないよ! ごく普通(ふつう)だよ。

보꾸 모 렝 아이 시 따 이 나 아.

B 僕(ぼく)も恋愛(れんあい)したいなあ。

A 사진 보여줄게. 내 남자친구인데 어때?

B 와! 잘생겼다.

A 무슨! 그냥 보통이지 뭐.

B 나도 연애하고 싶다.

Tip

~てあげる는 '~해주다'는 표현이며, 내가 남에게 무언가를 해 줄 때 쓰는 표현이다.

あげる 자체가 무언가를 '주다'는 뜻이다. 아래는 ~てあげる의 예시문이다.

펭 오 카 시 떼 아 게 루.

예) ペンを貸(か)してあげる。

펜을 빌려주다. *貸(か)す 빌려주다

단어

写真(しゃしん)[샤싱] 사진 彼氏(かれし)[카레시] 남자친구 イケメンだ[이케멘다] 잘생기다 恋愛(れんあい)[렝아이] 연애

04 이름을 물을 때

오 나 마에와 난 데 스 까?

なまえ なん

お名前は何ですか。

이름이 어떻게 되세요?

관련 표현

오 나 마에오우 까 가 에 마 스 까?

なまえ

お名前をうかがえますか。

성함을 여쭤도 될까요?

시츠 레- 데 스 가,

しつれい

失礼ですが、

오 나 마에와 난 또옷 샤 이 마 스 까?

なまえ なん

お名前は何とおっしゃいますか。

실례합니다만, 성함은 어떻게 되십니까?

Tip

名前(なまえ)(이름)이라는 명사 앞에 お를 붙여서 お名前(なまえ)라고 하는 것은 청자가 화자보다 지위가 높은 사람일 때 때때로 명사 앞에 お를 붙여서 정중함을 표현하는 경우가 있다. お가 붙을 수 있는 명사는 お水(みず)(물), お弁当(べんとう)(도시락), お箸(はし)(젓가락) 등 여러 가지 단어가 있지만, 정해진 규칙은 없으니 자주 사용되는 표현을 따로 익히도록 해야 된다.

대화문 1

오　나마에와 난　데　스　까?
　　な まえ　　なん
A お名前は何ですか。

와　따　시와　기무라　타　쿠　야　또 모오시 마　스.
　　　　　　　きむ ら　　　　　　　もう
B わたしは木村たくやと申します。

오　나마에와 난　데　스　까?
　　な まえ　　なん
お名前は何ですか。

와　따　시　와나카　따 메　구　미　데　스.
　　　　　　　なか　た
A わたしは中田めぐみです。

나카 따 상,　　　요　로　시 꾸 오　네가이　시 마　스.
なか　た　　　　　　　　　　　　　ねが
B 中田さん、よろしくお願いします。

A 성함이 어떻게 되시나요?

B 저는 기무라 타쿠야라고 합니다. 성함이 어떻게 되시죠?

A 저는 나카타 메구미입니다.

B 나카타 씨, 잘 부탁드립니다.

Tip

보통 자기보다 지위가 높은 청자에게 자신의 이름을 말할 때에는 자신의 이름 뒤에 '~と申(もう)します: ~라고 합니다'나 '~といいます: ~라고 합니다.'(뜻은 둘다 똑같다)를 붙이는 것이 일반적이다. 그러나 상대적으로 따지면 ~と申(もう)しますが 조금 더 정중한 느낌을 줄 수 있다.

단어

申(もう)す[모오스] 말하다 (言(い)う[이우](말하다)의 겸양어, 자신보다 지위가 높은 사람에게 자신을 낮추어 말할 때 쓰는 표현)

오 나마에와 난 데스 까?
なまえ なん
A お名前は何ですか。

와 따 시 와 사쿠라이유우 키 데 스. 아 나 따 와?
さくらい ゆうき
B わたしは桜井祐樹です。あなたは？

와 따 시 와 요코이 히 토미 데 스.
よこい
A わたしは横井ひとみです。

오 아이 데 끼 떼 우레시 이 데 스.
あ うれ
お会いできて嬉しいです。

고 찌 라 코 소. 와 따 시 타 찌 도모다찌니 나 리 마 셍 까?
ともだち
B こちらこそ。わたしたち友達になりませんか。

A 이름이 어떻게 되시나요?

B 저는 사쿠라이 유우키입니다. 당신은요?

A 저는 요코이 히토미입니다. 만나서 기쁩니다.

B 저도요. 우리 친구하는 거 어때요?

Tip

~になる(~가 되다)라는 표현은 상당히 중요하다. 우리나라 사람들이 이 표현을 해석을 할 때 '되다'는 표현인 なる 앞에 조사 に(~으로, ~에게)가 있기 때문에 해석에 어려움을 겪지만, なる 앞에는 조사 に가 와야 한다는 것을 잊으면 안 된다. 그래서 사실 문장 わたしたち友達(ともだち)になりませんか。를 자연스럽게 직역하면 '우리 친구가 되지 않을래요?'라는 문장이 된다.

단어

会(あ)う[아우] 만나다 嬉(うれ)しい[우레시이] 기쁘다 こそ[코소] ~야 말로 友達(ともだち)[도모다찌] 친구, 동무, 벗

05 나이를 물을 때

난 사이 나 노?
なんさい
何才なの?
몇 살이니?

관련 표현

난 사이데 스 까?
なんさい
何才ですか。
나이가 어떻게 되시나요?

오 이 쿠 쯔 데 스 까?
おいくつですか。
연세가 어떻게 되시나요?

PLUS

탄 죠- 비 와 이 쯔 데 스 까?
たんじょう び
誕生日はいつですか。
생일은 언제입니까?

Tip

상대에게 공손하게 나이를 물어볼 때는 何才(なんさい)ですか。보다 おいくつですか。라는 표현을 쓰는 것이 낫다.

오 이 쿠 쯔 데 스 까?

A おいくつですか。

와 따 시 와 고 또시 데 니쥬우나나데스. 오 이 쿠 쯔 데 스 까?

B わたしは今年(ことし)で27です。おいくつですか。

와 따 시 또 오 나 이 도 시 데 스 네.

A わたしとおないどしですね。

혼 또오데 스 까?

B 本当(ほんとう)ですか。

A 나이가 어떻게 되시나요?

B 저는 올해 27입니다. 당신은요?

A 저랑 동갑이네요.

B 정말요?

Tip

일본도 우리나라처럼 나이를 얘기할 때 '살'을 생략하고 숫자만 얘기하기도 한다.

단어

今年(ことし)[고또시] 올해, 금년　おないどし[오나이도시] 동갑　本当(ほんとう)だ[혼또오다] 정말이다

대화문 2

오 이 쿠 쯔 데 스 까?
A おいくつですか。

아 테 떼 미 떼 구 다 사 이!
B 当(あ)ててみてください！

로꾸쥿사이구라 이 니 미 에 마 스 가.
A 60歳(さい)ぐらいに見(み)えますが。

손 나 니 와카꾸 미 에 마 스 까?
B そんなに若(わか)く見(み)えますか。

와 따 시 와 코또 시 데 나나쥬우데스 요.
わたしは今年(ことし)で70ですよ。

A 나이가 어떻게 되시나요?
B 맞춰보세요!
A 60세 정도로 보이는데요.
B 그렇게 젊어 보이나요? 저는 올해 70이에요.

Tip

일본어로 '몇 개'를 지칭하는 말은 いくつ이다. おいくつ는 오로지 나이를 물을 때 사용하는 표현이므로 헷갈리면 안 된다.

단어

当(あ)てる[아테루] 맞추다 見(み)える[미에루] 보이다 そんなに[손나니] 그렇게(나)
若(わか)い[와카이] 젊다

06 전화번호를 물을 때

케이따이 방 고오와 난 방 데 스 까?
けいたいばんごう なんばん
携帯番号は何番ですか。
핸드폰 번호가 어떻게 되시나요?

관련 표현

고 렌 라꾸사끼 와?
れんらくさき
ご連絡先は?
연락처는?

카이 샤 니 렌 라꾸 스 루 호오호오 오 오시에 떼
かいしゃ れんらく ほうほう おし
会社に連絡する方法を教えて
모 라 에 마 스 까?
もらえますか。
회사로 연락하는 방식을 저에게 알려줄 수 있나요?

Tip

'~てもらう: ~해 받다'라는 표현은 한국인들이 상당히 어려워하는 부분이다. 직관적으로 이해하기 쉽지 않기 때문이다. '~てもらう'는 남이 나에게 무언가를 해줄 때 쓰는 표현이다.

대화문 1

케이따이방 고오와 난 방 데 스 까?
けいたいばんごう なんばん
A 携帯番号は何番ですか。

제로이찌제로 노 하찌하찌이찌 노 상니이찌로꾸데스. 아나따노와 난방데 스 까?
なんばん
B 010-881-3216です。あなたのは何番ですか。

와 따 시노 와 제로이찌제로 노 이찌하찌고 노 하찌하찌이찌하찌데스.
A わたしのは010-185-8818です。

하 이, 아또데 렌 라꾸시 마 스.
あと れんらく
B はい、後で連絡します。

A 핸드폰 번호가 어떻게 되시나요?
B 010-881-3216입니다. 당신은 몇 번인가요?
A 제 것은 010-185-8818입니다.
B 네, 나중에 연락할게요.

Tip

조사 'の'는 일반적으로 '~의'라는 뜻의 소유격으로 알려져 있다. 즉, 'の' 뒤에는 반드시 명사가 와야 한다고 오해하는 경우가 많은데 명사가 생략될 경우 '~의 것'으로 해석된다. 예를 들어 'かれの'는 '그의 것'이 된다.

단어

携帯番号(けいたいばんごう)[케이따이방고오] 전화번호 何番(なんばん)[난방] 몇 번 後で(あと)[아또데] 나중에

헤이 샤 노 세이힝 노 호 쇼오 키 깡 와 이찌넹 데 스.
A 弊社(へいしゃ)の製品(せいひん)の保証期間(ほしょうきかん)は1年(ねん)です。

모 시 힝 시쯔 니 몬 다이가 앗 따 라.
B もし品質(ひんしつ)に問題(もんだい)があったら、

와 따 시 가 사- 비 스 센 타- 니 렌 라꾸시 마 스.
わたしがサービスセンターに連絡(れんらく)します。

몬 다이 가 고 자 이 마 시 따 라. 와 따 시 니 고 렌 라꾸구다 사 이.
A 問題(もんだい)がございましたら、わたしにご連絡(れんらく)ください。

와 까 리 마 시 따. 아 리 가 또 오 고 자 이 마 스.
B わかりました。ありがとうございます。

A 저희 회사 제품의 보증기간은 1년입니다.
B 만약에 품질에 문제가 있으면 제가 서비스센터에 연락할게요.
A 문제가 있으면 저에게 연락주세요.
B 알겠습니다. 고맙습니다.

Tip

弊社(へいしゃ)라는 표현은 비즈니스 현장에서 상당히 많이 사용하는 표현이다. 자신이 속한 회사를 낮추어 부르는 비즈니스 겸양어이다. 고객이나 타 회사에 자신의 회사를 소개할 때는 보통 弊社(へいしゃ), 小社(しょうしゃ)라고 한다.

단어

製品(せいひん)[세이힝] 제품 保証期間(ほしょうきかん)[호쇼오키깡] 보증기간 もし[모시] 만약에 品質(ひんしつ)[힝시쯔] 품질 サービスセンター[사-비스센타-] 서비스 센터 ください[구다사이] 주세요

07 안부를 물을 때

사이 낑,　도 노 요 오 니 스 고 시 마 시 따 까?
さいきん　　　　　す
最近、どのように過ごしましたか。
최근에 어떻게 지냈어요?

관련 표현

사이 낑,
さいきん
最近、

카 와 라 즈 오 겡 끼 데 이 랏 샤 이 마 스 까?
か　　　　げん き
変わらずお元気でいらっしゃいますか。
최근에 여전히 잘 지냈어요?

사이 낑,　나니 가 이소가시이 데 스 까?
さいきん　なに　いそが
最近、何が忙しいですか。
최근에 뭐가 바빠요?

고 카 조꾸노 미나 상　와 겡 끼 데 스 까?
か ぞく　みな　　げん き
ご家族の皆さんは元気ですか。
가족 분들은 잘 지내십니까?

Tip

最近(さいきん)이라는 단어는 '최근'을 뜻하는데 '최근에'라는 표현을 쓸 때 最近(さいきん)뒤에 조사 'に'를 붙이면 안 된다.

대화문 1

사이 낑, 도오 데 스 까?
さいきん
A 最近、どうですか。

신 세에 힝 노 켄 큐우까이하쯔 가 앗 떼,
しんせいひん けんきゅうかいはつ
B 新製品の研究開発があって、

사이 낑, 도 떼 모 이소가시이 데 스. 아 나 따 와?
さいきん いそが
最近、とても忙しいです。あなたは？

와 따 시 와 손 나 니 이소가시꾸 나 이 데 스.
いそが
A わたしはそんなに忙しくないです。

이소가시이 세에카쯔 와 모 오 운 자 리 데 스.
いそが せいかつ
B 忙しい生活はもううんざりです。

A 요즘 어떻게 지내세요?
B 신제품 연구 개발하는 것이 있어서 요즘 정말 바빠요. 당신은요?
A 전 그냥 그래요.
B 바쁜 생활은 이제 지긋지긋합니다.

단어

最近(さいきん)[사이낑] 최근 新製品(しんせいひん)[신세에힝] 신제품 研究開発(けんきゅうかいはつ)[켄큐우카이하쯔] 연구개발 とても[도떼모] 정말로 忙しい(いそがしい)[이소가시이] 바쁘다 生活(せいかつ)[세에카쯔] 생활

대화문 2

사이 낑, 겡 끼 데 스 까?
さいきん げんき
A 最近、元気ですか。

와 따 시 와 센 게쯔타이쇼쿠시 떼, 이에데 야슨 데 이 마 스.
せんげつ たいしょく いえ やす
B わたしは先月退職して、家で休んでいます。

텐 쇼쿠스 룬 데 스 까?
てんしょく
A 転職するんですか。

하 이, 텐 쇼쿠시 요 우 또 오못 떼 이 마 스.
てんしょく おも
B はい、転職しようと思っています。

A 요즘 잘 지내요?
B 저는 지난달에 사직해서 집에서 쉬고 있어요.
A 이직하려고요?
B 네, 이직하려고요.

Tip

'元気だ(げんき)'는 '건강하다'는 뜻인데, 의문문에서 쓰이면 안부를 묻는 뜻이 된다.
'동사 + ~ようと思う(おも)'는 '~하려고 (생각)한다'는 표현이다.

단어

元気だ(げんき)[겡끼다] 건강하다 先月(せんげつ)[센게쯔] 지난달 家(いえ)[이에] 집 休む(やす)[야스무] 쉬다
転職する(てんしょく)[텐쇼쿠스루] 이직하다 思う(おも)[오모우] 생각하다

08 만나서 반갑다고 할 때

오 아 이데 끼 떼 우레시이 데 스.

お会(あ)いできて嬉(うれ)しいです。

만나 뵙게 되어 기쁩니다.

관련 표현

히사시 부 리데 스! 아에 떼 우레시 이 데 스.

久(ひさ)しぶりです! 会(あ)えて嬉(うれ)しいです。

오래간만입니다! 만나서 기쁩니다.

고 꼬데 마따 오 아 이 스 루 코또 가

ここでまたお会(あ)いすることが

데 끼 떼 우레 시 이 데 스.

できて嬉(うれ)しいです。

이곳에서 다시 만나 뵐 수 있어서 기쁩니다.

PLUS 오 메 니 카 까 레 떼 도 떼 모 우 레 시– 데 스.

お目(め)にかかれてとてもうれしいです。

뵙게 되어 매우 기쁩니다.

↳「お目(め)にかかる」는 우리말의 「만나뵙다」의 뜻을 가진 겸양어이다.

Tip

'동사+ことができる'는 '~하는 것이 가능하다, ~할 수 있다'라는 뜻이다.

대화문 1

미 카미상, 히사시 부 리 데 스! 아 에떼 우레시이 데 스.

A 三上(みかみ)さん、久(ひさ)しぶりです！会(あ)えて嬉(うれ)しいです。

와 따 시 따 찌 호 보 니넨 깡 앗 떼 나 이 데 스 요 네.

B わたしたちほぼ2年間(ねんかん)会(あ)ってないですよね。

아라 끼 상 와 사이 낑, 이소가시이 데 스 까?

荒木(あらき)さんは最近(さいきん)、忙(いそが)しいですか。

사이 낑, 마- 케 팅 그 부 니 이 도오 시 떼,

A 最近(さいきん)、マーケティング部(ぶ)に異動(いどう)して、

시 죠오쵸오 사 노 교오 무 오 탕 또오시 떼 이 마 스.

市場調査(しじょうちょうさ)の業務(ぎょうむ)を担当(たんとう)しています。

감 밧 떼 구 다 사 이.

B 頑張(がんば)ってください。

A 미카미 씨, 오래간만입니다! 만나서 기쁩니다.
B 우리 거의 2년간 못 만났네요. 아라키 씨는 요즘 바쁘세요?
A 최근에 마케팅 부로 옮겨서, 시장조사 업무를 맡아서 하고 있어요.
B 열심히 하세요.

단어

市場調査(しじょうちょうさ)[시죠오쵸오사] 시장조사 業務(ぎょうむ)[교오무] 업무 担当(たんとう)[탕또오] 담당

대화문 ❷

요시다 상, 코꼬데 마따 오 아이 데끼 떼 우레시이 데스.
よしだ あ うれ
A 吉田さん、ここでまたお会いできて嬉しいです。

오 히사시 부 리 데 스. 코꼬데 나니오 사 레 떼 룬 데 스 까?
ひさ なに
B お久しぶりです。ここで何をされてるんですか。

와 따 시 와 헤이 샤 노 신 세이 힝 오 못 떼 키 떼,
へいしゃ しんせいひん も
A わたしは弊社の新製品を持ってきて、

텐 지 까이니 상 까 시 니 키 마 시 따.
てんじかい さんか き
展示会に参加しに来ました。

오 테 스우데 승 아, 와 따 시 모 츠 레 떼 잇 떼,
て すう つ い
B お手数ですが、わたしも連れて行って、

신 세에 힝 오 미 세 떼 이 따 다 께 마 스 까?
しんせいひん み
新製品を見せていただけますか。

A 요시다 씨, 이곳에서 다시 만나 뵐 수 있게 되어서 기쁩니다.
B 오래간만입니다. 이곳에서 무엇을 하나요?
A 저는 저희 회사 신제품을 가지고 와서 전시회 참가하러 왔어요.
B 번거롭겠지만, 저 좀 데리고 가서 신제품 좀 보여주실 수 있나요?

Tip

'お手数(てすう)ですが'(번거로우시겠지만)은 비즈니스 현장에서 상당히 많이 쓰이는 표현이다. 특히 메일 상에서 무언가를 상대 측에 부탁할 때 많이 쓰인다.

단어

展示会(てんじかい)[텐지까이] 전시회 参加(さんか)する[상까스루] 참가하다 連(つ)れて行(い)く[츠레떼이꾸] 데리고 가다

09 이야기 많이 들었다고 할 때

이 젠 까 라 오 나마에오 요 꾸오 키 끼 시 마 시 따.

以前(いぜん)からお名前(なまえ)をよくお聞(き)きしました。

예전부터 성함 많이 들었습니다.

관련 표현

고 쇼오싱 사 레 따 또 키 키 마 시 따.

ご昇進(しょうしん)されたと聞(き)きました。

승진했다고 들었습니다.

오 또오상 니 낫 따 또 키 키 마 시 따.

お父(とう)さんになったと聞(き)きました。

아빠가 되었다고 들었습니다.

PLUS

요시무라까 라 우 와 사 오 키 이 떼 마 시따 요.

吉村(よしむら)からうわさを聞(き)いてましたよ。

요시무라에게 말씀은 들었습니다.

Tip

'される'(하시다)는 'する'(하다)의 경어 표현이다. 일반적으로 자기보다 높은 지위에 있는 사람에게 쓰는 표현이다. 특히 비즈니스 자리에서 자주 쓰는 표현이니 유의해서 쓰도록 해야 된다.

호소미 상, 이젠까 라오 나마에오 요쿠오 키끼시마시따.

A 細見(ほそみ)さん、以前(いぜん)からお名前(なまえ)をよくお聞(き)きしました。

오 아이데끼떼 코우에에데스!

お会(あ)いできて光栄(こうえい)です！

이야, 톤데모나이데스요. 와따시와 손나니

B いや、とんでもないですよ。わたしはそんなに

노우료꾸노 스구레따 히또데와 아리마셍.

能力(のうりょく)の優(すぐ)れた人(ひと)ではありません。

손나코또아리마셍요.

A そんなことありませんよ。

이야이야, 테레쿠사이데스요.

B いやいや、照(て)れくさいですよ。

A 호소미 님, 예전부터 성함 많이 들었습니다. 만나게 되어 영광입니다!

B 에이, 무슨 말씀을. 저는 그렇게 능력이 있는 사람이 아닙니다.

A 그렇지 않아요.

B 아닙니다, 아닙니다. 쑥스럽군요.

Tip

본문에 나온 '能力(のうりょく)の優(すぐ)れた人(ひと)' (능력이 있는 사람) 구절처럼 조사 'の'가 '~의, ~의 것' 이라는 뜻이 아니라 '~가'의 뜻으로 쓰일 수가 있다. 정리하면, '명사 + の + 형용사'의 형태일 경우 조사 'の'는 '~가'로 쓰인다.

단어

光栄(こうえい)だ[코우에에다] 영광이다　能力(のうりょく)[노우료꾸] 능력　優(すぐ)れる[스구레루] 우수하다
照(て)れくさい[테레쿠사이] 쑥스럽다

대화문 2

이 젠 까 라 오 나 마에 오 요 쿠 오 키 끼 시 마 시 따.
A 以前(いぜん)からお名前(なまえ)をよくお聞(き)きしました。

와 따 시 노 요 우 나 코우하이와 마 다 마 다 센 빠이 까 라
B わたしのような後輩(こうはい)はまだまだ先輩(せんぱい)から

마나 부 코 또 가 오오이 데 스.
学(まな)ぶことが多(おお)いです。

와 따 시 따 찌 요 리 모 사이낑 노 코우하이노 호 우 가
A わたしたちよりも最近(さいきん)の後輩(こうはい)のほうが

요 호 도 유우슈우데 스 요.
よほど優秀(ゆうしゅう)ですよ。

맛따꾸 손 나 코 또 아 리 마 셍 요.
B 全(まった)くそんなことありませんよ。

A 예전부터 성함 많이 들었습니다.
B 저 같은 후배는 여전히 선배님에게 배울 게 많습니다.
A 저희보다 최근의 후배들이 더 우수하죠.
B 전혀 그렇지 않습니다.

Tip

'~のほうが'는 '~(쪽)이 (더)'로 해석된다. 아래는 예시문이다.

치 ― 즈 케 ― 키 요 리 모 쵸 코 케 ― 키 노 호 우 가 이 이.
예) チーズケーキよりもチョコケーキのほうがいい。
치즈 케이크보다도 초코 케이크가 더 좋다.

단어

後輩(こうはい)[코우하이] 후배 先輩(せんぱい)[센빠이] 선배 学(まな)ぶ[마나부] 배우다 優秀(ゆうしゅう)だ[유우슈우다] 우수하다 全(まった)く[맛따꾸] 전혀

10

다음에 다시 만나자고 할 때

마 따 콘 도 아이 마 쇼 우.

こんど あ
また今度会いましょう。

다음에 봐요.

관련 표현

마 따 라이슈우 아이 마 쇼 우!

らいしゅう あ
また来週会いましょう!

다음 주에 봐요!

데 와, 마 따 아 시 따.

では、またあした。

그럼, 또 내일 봐요.

PLUS 마 따 이 즈 레 치까이 우 찌 니 마 따 아 이 마 쇼-.

ちか あ
またいずれ近いうちにまた会いましょう。

언제 가까운 시일에 또 만납시다.

Tip

'다음 주에'라고 표현을 해야 될 때 '다음 주'를 뜻하는 '来週(らいしゅう)'에 조사 'に'를 붙여서 '来週(らいしゅう)に'라고 표현할 수가 없다. '다음 주에'라고 표현하고 싶을 때는 그냥 '来週(らいしゅう)'를 쓰면 된다.

대화문 1

코우, 마난 다 카이와 가 보꾸니 톳 떼,
A 今日(きょう)、学(まな)んだ会話(かいわ)が僕(ぼく)にとって、

카 나 리 야꾸니 타 쯔 또 오모 이 마 스.
かなり役(やく)に立(た)つと思(おも)います。

소 우? 쟈 아, 이에 니 카엣 떼,
B そう？じゃあ、家(いえ)に帰(かえ)って、

쿠 리 카에시 떼 하나시 떼 미 루 렌 슈우 오 시 떼 미 나 사 이.
繰(く)り返(かえ)して話(はな)してみる練習(れんしゅう)をしてみなさい。

하 이, 테 키 스 또 오 젠 부 오보 에 마 스.
A はい、テキストを全部(ぜんぶ)覚(おぼ)えます。

소 레 데 와, 마 따 라이슈우!
B それでは。また来週(らいしゅう)！

A 오늘 배운 회화가 저한테 도움이 많이 될 것 같아요.
B 그래? 그럼 집에 가서 반복해서 말하는 연습을 해봐.
A 네, 텍스트 다 외울게요.
B 그럼, 다음 주에 보자!

Tip

'~とって'는 '~에게 있어서, ~에게는' 이라는 뜻으로 쓰인다. 아래는 예문이다.

와 따 시 니 톳 떼 이찌방타이세쯔나 모 노 와 카조꾸데 스.
예) わたしにとって一番大切(いちばんたいせつ)なものは家族(かぞく)です。
저에게 있어서 가장 소중한 것은 가족입니다.

단어

会話(かいわ)[카이와] 회화 役(やく)に立(た)つ[야꾸니타쯔] 도움이 되다 繰(く)り返(かえ)す[쿠리카에스] 반복하다 覚(おぼ)える[오보에루] 외우다

코노코-히-숍 푸와홍이끼모이이시,
A このコーヒーショップは雰囲気(ふんいき)もいいし、

무료우노 와이화이 모앗 떼, 이이요네.
無料(むりょう)のwi-fiもあって、いいよね。

타마니잇 쇼니코꼬니 키떼벤 꾜우시요우.
B たまに一緒(いっしょ)にここに来(き)て勉強(べんきょう)しよう。

이이요!
A いいよ！

마따콘 도아오우네!
B また今度(こんど)会(あ)おうね!

A 이 커피숍의 분위기도 좋고, 무료 와이파이도 있고 좋다.
B 같이 가끔 여기 와서 공부하자.
A 좋아!
B 우리 다음에 보자!

Tip

'~し~し'는 '~하고~하고'라는 표현이다. 동사, 형용사가 올 수 있으며, 여러 표현들을 나열할 때 주로 사용된다. 아래는 예시문이다.

카노죠 와카와이이시, 세이카꾸모이이까라닌끼가아루.
예) 彼女(かのじょ)はかわいいし、性格(せいかく)もいいから人気(にんき)がある。
그녀는 귀엽고, 성격도 좋으니까 인기가 많다.

단어

雰囲気(ふんいき)[훙이끼] 분위기　無料(むりょう)[무료우] 무료　勉強(べんきょう)[벤꾜우] 공부　いい[이이] 좋다

감사(칭찬) 및 사과

인간관계를 맺다 보면 감사와 칭찬, 사과를 하는 경우가 많습니다.
감사와 칭찬, 사과를 하는 표현은 여러 가지가 있는데 상황에 맞게 다양한 표현을 사용할 수 있습니다.

11 사과할 때

스 미 마 셍, 츠기 와 츄우 이 시 마 스.

つぎ ちゅうい

すみません、次は注意します。

죄송합니다, 다음에 주의하겠습니다.

관련 표현

스 미 마 셍, 스베떼 와 따 시 노 마 찌가 이 데 스.

すべ まちが

すみません、全てわたしの間違いです。

죄송합니다, 모두 제 잘못입니다.

혼 또오니 모우시 와께 아 리 마 셍!

ほんとう もう わけ

本当に申し訳ありません。

스베 떼 와 따 시 노 마 찌가이 데 스.

すべ まちが

全てわたしの間違いです。

정말 죄송합니다! 모두 제 잘못입니다.

Tip

보통 일본에서 '실수, 잘못'을 지칭하는 말은 'ミス、失敗(しっぱい)、間違(まちが)い' 라고 표현한다. 그리고 '申(もう)し訳(わけ)ありません'은 'すみません'보다 더 공손한 자리에서 쓰는 표현이다.

대화문 1

스 미 마 셍, 스베떼 와 따 시 노 마 찌가이 데 스.
すべ まちが
A すみません、全てわたしの間違いです。

미즈까라 마찌가 이 가 와 깟 따 나 라 이 인 데 스 요.
みずか まちが わ
B 自ら間違いが分かったならいいんですよ。

와 따 시 가 타 쇼우 셋 카 찌 데…
たしょう
A わたしが多少せっかちで…

소 우 데 스 요.
B そうですよ。

시 고또오 스 루 토 끼 와 테끼 또우니 시 떼 와 이 께 마 셍.
しごと てきとう
仕事をするときは適当にしてはいけません。

A 죄송합니다. 모두가 제 잘못입니다.
B 스스로 잘못을 알았으면 된 겁니다.
A 제 성격이 좀 급해서요…
B 맞습니다. 일을 할 때 대강대강 해서는 안 됩니다.

Tip

'適当だ(てきとう)'는 원래 '적당하다'라는 뜻으로 긍정적인 의미로 통한다. 하지만 '適当(てきとう)に + 동사'처럼 '대충 ~하다'는 의미로도 쓰이니 주의해야 한다.

단어

全て(すべ)[스베떼] 전부 間違い(まちが)[마찌가이] 잘못 自ら(みずか)[미즈까라] 스스로 分かる(わ)[와까루] 알다 多少(たしょう)[타쇼우] 다소 仕事(しごと)[시고또] 일

대화문 ❷

모우시 와께 아 리 마 셍. 스베떼 와 따 시 노 마 찌가이 데 스.
A 申(もう)し訳(わけ)ありません。全(すべ)てわたしの間違(まちが)いです。

모 우 난 까이 메 노 싯 빠이데 스 까?
B もう何回目(なんかいめ)の失敗(しっぱい)ですか。

혼 또우니 모우 시 와께 아 리 마 셍!
A 本当(ほんとう)に申(もう)し訳(わけ)ありません！

츠기, 마 따 싯 빠이시 따 라 다 메 데 스 요.
B 次(つぎ)、また失敗(しっぱい)したらだめですよ。

A 죄송합니다. 모두가 제 잘못입니다.
B 벌써 몇 번이나 실수한 건가요?
A 정말 죄송합니다!
B 다음에 또 실수하면 안 됩니다.

Tip

'~たら'는 앞서 나왔었지만 '~하면'으로 주로 쓰인다. 하지만 그 외에도 '~했더니'라는 의미로도 많이 쓰이니 주의해야 한다. 아래는 예시문이다.

고 노 보 땅 오 오 시 따 라, 미즈가 데 따.
예) このボタンを押(お)したら、水(みず)が出(で)た。
이 버튼을 눌렀더니 물이 나왔다.

단어

もう[모우] 이미, 벌써 ~回目(かいめ)[까이메] ~번째 また[마따] 다른 때, 다음 失敗(しっぱい)[싯빠이] 실수, 실패

12 사과를 받아줄 때

다이죠우 부 데 스 요. 츠기까 라 와 츄우 이 시 떼 구 다 사 이.
だいじょう ぶ つぎ ちゅう い
大丈夫ですよ。次からは注意してください。
괜찮아요. 다음부터 주의하세요.

관련 표현

다이 죠우 부 데 스 요.
だいじょう ぶ
大丈夫ですよ。

츠기 까 라 츄우 이 스 레 바 이 이 데 스 요.
つぎ ちゅう い
次から注意すればいいですよ。
괜찮아요, 다음부터 주의하면 되죠.

다이죠우 부 다 요. 츠기까 라 와 츄우 이 시 떼 네.
だいじょう ぶ つぎ ちゅう い
大丈夫だよ。次からは注意してね。
괜찮아, 다음부터는 주의해 줘.

Tip

'~て'형에는 세 가지 뜻이 있다. '동사 + て'는 '~하고, ~해서, ~해 줘'이 세 가지 뜻을 표현한다. '~해 줘'의 뜻으로 쓸 경우, '~てね'가 되면, 뜻에 변화는 없지만 어조가 약간 부드러워진다.

대화문 1

부 쵸오, 혼 또오니 스 미 마 셍.
ぶ ちょう ほん とう
A 部長、本当にすみません。

다이죠우 부 데 스 요. 츠기까 라 와 츄우이 시 떼 구 다 사 이.
だいじょう ぶ つぎ ちゅう い
B 大丈夫ですよ。次からは注意してください。

하 이, 못 또 키 쵸우멘 니 쳇 크 시 마 스.
き ちょうめん
A はい、もっと几帳面にチェックします。

신 라이시 떼 마 스 요.
しん らい
B 信頼してますよ。

A 부장님, 정말 죄송합니다.
B 괜찮아요. 다음부터 주의하세요.
A 네, 더 꼼꼼하게 체크하겠습니다.
B 믿고 있어요.

Tip

'な형용사'를 '~하게'로 변환할 때에는 원형의 'だ'를 지우고 'に'를 넣어야 한다. 예를 들어 '几帳面だ(きちょうめん)'(꼼꼼하다)를 '꼼꼼하게'로 바꾸기 위해서는 '几帳面に(きちょうめん)'로 변환해야 한다.

단어

几帳面だ(きちょうめん)[키쵸우멘다] 꼼꼼하다 信頼する(しんらい)[신라이스루] 신뢰하다, 믿다

대화문 ❷

미나 사마니 오 와 비 모우시 아 게 마 스.
A 皆様(みなさま)にお詫(わ)び申(もう)し上(あ)げます。

다레 데 모 싯 빠이 와 시 마 스 요.
B 誰(だれ)でも失敗(しっぱい)はしますよ。

오나지 마 찌가 이 와 니 도 또 쿠 리 카에시 마 셍.
A 同(おな)じ間違(まちが)いは二度(にど)と繰(く)り返(かえ)しません。

다이죠우 부 데 스 요.
B 大丈夫(だいじょうぶ)ですよ。

오 찌 코 마 나 이 데, 감 밧 떼 구 다 사 이.
落(お)ち込(こ)まないで、頑張(がんば)ってください。

A 여러분에게 정중하게 사과드립니다.
B 누구나 실수는 하죠.
A 같은 실수를 두 번 다시는 반복하지 않겠습니다.
B 괜찮아요. 낙담하지 말고 힘내세요.

Tip

'두 번 다시 ~않겠습니다'라는 표현은 거의 '二度(にど)と~ません'이라고 쓰이니 통째로 외워 두면 좋다.

'お詫(わ)び申(もう)し上(あ)げます'는 '죄송합니다'의 가장 높은 경어의 표현이므로 어떤 비즈니스 상황에서도 쓸 수 있는 표현이다.

단어

同(おな)じだ[오나지다] 똑같다 繰(く)り返(かえ)す[쿠리카에스] 반복하다 落(お)ち込(こ)む[오찌코무] 낙담하다 頑張(がんば)る[감바루] 힘내다

13 감사 표시를 할 때

테 쯔닷 떼 구다 삿 떼 아 리가 또오 고 자 이 마 스.

てつだ

手伝ってくださってありがとうございます。

도와주셔서 감사합니다.

관련 표현

미나 상 노 오우 엥 니 칸 샤 이 따 시 마 스!

みな おうえん かんしゃ

皆さんの応援に感謝いたします!

여러분의 응원에 감사드립니다!

센 세에노 아 도 바 이 스 가 혼 또우 니 타 메 니

せんせい ほんとう

先生のアドバイスが本当にために

나 리 마 시 따.

なりました。

선생님의 조언이 정말 도움이 되었습니다.

Tip

일반적으로 '감사합니다'는 'ありがとうございます'라고 표현하지만, 그보다 더 공손한 표현인 '감사드립니다'는 '感謝(かんしゃ)いたします'라고 표현한다.

관련 표현에 '도움이 되다'는 표현은 'ためになる'로 쓰였지만, 일반적으로 '役(やく)に立(た)つ'도 많이 쓰인다.

코 노 아이다아 도바 이 스 시떼 구다 삿 떼 아 리가 또오
あいだ
A この間アドバイスしてくださってありがとう

고 자 이 마 스.
ございます。

이 야 이 야, 손 나 니 타이시 따 아 도 바 이 스 데 모
たい
B いやいや、そんなに大したアドバイスでも

나 이 데 스 요.
ないですよ。

콘 도 노 슈우마쯔 지 깡 아 리 마 스 까? 고 찌 소 우 시 마 스.
こんど しゅうまつ じかん
A 今度の週末時間ありますか。ごちそうします。

쇼꾸지 요 리 모 잇 쇼 니 토 장 와 도 우 데 스 까?
しょくじ いっしょ とざん
B 食事よりも一緒に登山はどうですか。

A 이번에 조언을 해 주셔서 감사합니다.
B 아니에요, 그렇게 대단한 조언도 아니에요.
A 이번 주말에 시간 되시나요? 식사 대접하고 싶습니다.
B 식사보다도 같이 등산하는 게 어때요?

Tip

'밥을 사주다'는 표현은 'おごる'를 쓰기도 하지만, 이는 선배나 상사가 후배에게 밥을 사줄 때 흔히 사용된다. 아랫 사람이 윗사람에게 식사를 대접한다고 할 때는 'ごちそうする'를 일반적으로 사용한다.

단어

アドバイス[아도바이스] 조언 しゅうまつ 週末[슈우마쯔] 주말 しょくじ 食事[쇼꾸지] 식사 とざん 登山 [토장] 등산

대화문 2

이로이로 또 테츠닷 떼 쿠레 떼 아 리가 또우.
いろいろ て つだ
A 色々と手伝ってくれてありがとう。

와 따 시 따 찌 토모다찌데 쇼?
とも だち
B わたしたち友達でしょ？

토우젠 노 코 또시따 다 께 다 요.
とう ぜん
当然のことしただけだよ。

쿄우 노 요루, 시 고또 오 왓 따 라.
きょう よる し ごと お
A 今日の夜、仕事終わったら、

잇 쇼 니 코- 히- 노 마 나 이?
いっ しょ の
一緒にコーヒー飲まない？

이 이 네!
B いいね！

A 여러모로 도와줘서 고마워.
B 우리는 친구잖아? 당연한 일을 했을 뿐이야.
A 오늘 저녁에 퇴근하면 우리 같이 커피 마실래?
B 좋아!

Tip

'当然だ(とうぜん)'는 '당연하다'라는 뜻이다. '当然のこと(とうぜん)'라고 쓰면, 직역상 '당연의 일'이라는 뜻으로 어색하게 해석되지만, 이는 '당연한 일'이라고 해석하면 된다.

단어

色々(いろいろ)[이로이로] 여러 가지, 여러모로 手伝う(てつだ)[테츠다우] 같이 거들다, 남을 도와서 일하다 当然(とうぜん)[토우젠] 당연 今日(きょう)[쿄우] 오늘 夜(よる)[요루] 밤 コーヒー[코-히-] 커피

14 마중 나온 것을 감사할 때

오 무까에 아 리 가 또오 고 자 이 마 스.

お迎(むか)えありがとうございます。

마중 나와 주셔서 감사합니다.

관련 표현

쿠우 꼬우마 데 오 무까에 니 키 떼 구다 삿 떼

空港(くうこう)までお迎(むか)えに来(き)てくださって

아 리 가 또 오 고 자 이 마 스.

ありがとうございます。

공항에 마중 나와 주셔서 감사합니다.

에끼 마 데 오 무까 에 니 키 떼 구 다 삿 떼

駅(えき)までお迎(むか)えに来(き)てくださって

아 리 가 또 오 고 자 이 마 스.

ありがとうございます。

역으로 마중 나와 주셔서 감사합니다.

Tip

'마중 나가다'의 기본 형태는 '迎(むか)えに行(い)く'이다. 그러나 자기보다 높은 사람에게 마중을 나가겠다고 할 때는 'お迎(むか)えにあがります'(마중 나가겠습니다) 라고 하는 것이 일반적이다.

대화문 1

모 시 모 시? 리 나 나 노? 보꾸, 마 사 끼 난 다 께 도,
A もしもし？里奈(りな)なの？僕(ぼく)、まさきなんだけど、

이마 난 방 데 구찌니 이 루 노?
今何番出口(いまなんばんでぐち)にいるの？

와 따 시 이마 치 카 테쯔에끼 노 니방 데 구찌 니 이 루 요.
B わたし今地下鉄駅(いまちかてつえき)の2番出口(ばんでぐち)にいるよ。

소 꼬 데 맛 떼 떼. 보꾸가 무까 에 니 이 꾸 요.
A そこで待(ま)ってて。僕(ぼく)が迎(むか)えにいくよ。

무까 에 니 키 떼 쿠 레 떼 아 리 가 또 우.
B 迎(むか)えに来(き)てくれてありがとう。

A 여보세요! 리나야? 나 마사키인데 몇 번 출구에 있어?
B 나 지금 지하철역 2번 출구에 있어.
A 거기에서 기다려. 내가 데리러 갈게.
B 마중 나와서 고마워.

Tip

본문에 나온 '待(ま)ってて'(기다리고 있어줘)에서 'てて'는 원래 'ていて'이다. 즉, 'い'가 생략된 것이다. 회화체에서는 주로 이런 상황에서는 'い'를 생략해서 말한다. 'てて' 이런 표현을 접했을 때는 대개 사이에 'い'가 생략됐다고 봐야 한다.

단어

もしもし[모시모시] 여보세요 出口(でぐち)[데구찌] 출구 地下鉄(ちかてつ)[치카테쯔] 지하철 向(む)かえる[무까에루] 마중하다

미 사끼, 이마 쿠우꼬우난 다 케 도,
いま くう こう
A みさき、今空港なんだけど、

구루마데무까에 니 키 떼 쿠 레 루?
くるま むか き
車で迎えに来てくれる？

무카 에 니 와 이 께 루 께 도,
むか い
B 迎えには行けるけど、

니 지 깡 구 라 이 마 따 나 이 또이 께 나 이 께 도 이 이?
に じ かん ま
二時間くらい待たないといけないけどいい？

응, 이 이 요.

A うん、いいよ。

와 깟 따. 쟈 아, 아또데 네.
わ あと
B 分かった。じゃあ、後でね!

A 미사키, 지금 공항에 있는데 차 가지고 마중 나올 수 있어?
B 마중은 나갈 수 있는데, 두 시간 정도 기다려야 되는데 괜찮아?
A 응, 괜찮아.
B 알겠어. 좀 이따가 보자!

Tip

본문에서는 '~ないといけない'(~하지 않으면 안 된다)를 썼지만, 이 표현은 다양하게 쓸 수 있다.'~なければならない', '~なくてはならない', '~なくてはいけない', '~なければいけない' 모두 '~하지 않으면 안 된다'로 쓰인다.

단어

今(いま)[이마] 지금, 이제, 현재 空港(くうこう)[쿠우꼬오] 공항 車(くるま)[구루마] 차 くらい[구라이] 정도, 만큼 後(あと)で[아또데] 나중에, 잠시 후에

15

배웅해주는 것에 대해 감사할 때

오 미 오꾸리 이 따 다 끼 아 리 가 또 오 고 자 이 마 스.

み おく

お見送りいただきありがとうございます。

배웅해주셔서 감사합니다.

관련 표현

쿠우 꼬우마 데 오 미 오꾸 리 이 따 다 끼

くうこう　　　み おく

空港までお見送りいただき

아 리 가 또 오 고 자 이 마 스.

ありがとうございます。

공항까지 배웅해주셔서 감사합니다.

에끼 마 데 오 미 오꾸 리 이 따 다 끼

えき　　　み おく

駅までお見送りいただき

아 리 가 또 오 고 자 이 마 스.

ありがとうございます。

역까지 배웅해주셔서 감사합니다.

Tip

관련 표현에도 나온 'いただき'의 어원은 'いただく'(~(해) 받다)이다. '(남이 나에게) 해주다'의 뜻인 'もらう'의 공손한 표현이다. 'いただき'라고 나왔을 때는 보통 '~해 주셔서'라고 해석하는 것이 무난하다.

소 로 소 로 카에 라 나 꺄.
A そろそろ帰(かえ)らなきゃ。

쟈 아, 와 따 시 가 에끼 마 데 오 미 오꾸리 시 마 스.
B じゃあ、わたしが駅(えき)までお見(み)送(おく)りします。

오 미 오꾸리 이 따 다 끼 아 리 가 또 우 고 자 이 마 스.
A お見(み)送(おく)りいただきありがとうございます。

마 따 아소 비 니 키 떼 구 다 사 이.
B また遊(あそ)びに来(き)てください。

A 슬슬 가야겠어요.
B 그러면 제가 전철역까지 배웅할게요.
A 배웅해 주셔서 감사합니다.
B 또 놀러 와주세요.

Tip

본문에 나온 것처럼 회화에서 '~なきゃ'가 사용되는 경우가 많다. 이것은 '~なければいけない' (~하지 않으면 안 된다)가 축약된 표현이다. 즉, '~なきゃ'만 써도 '~하지 않으면 안 된다' 및 '~해야 한다'의 의미로 해석 된다.
일본에서는 '시간이 늦었네요'라고 표현하고 싶을 때는 주로 'もうこんな時間(じかん)になりましたね' (직역: 벌써 이런 시간이 되었네요) 라는 표현을 쓴다.

단어

そろそろ[소로소로] 슬슬　帰(かえ)る[카에루] (집에) 돌아가다　駅(えき)[에끼] 역, 정거장

대화문 ❷

모 우 지 깡 모 오소이 노 데, 소 로 소 로 카에 리 마 스.

A もう時間(じかん)も遅(おそ)いので、そろそろ帰(かえ)ります。

쟈 아, 와 따 시 가 오 미 오꾸 리 시 마 스.

B じゃあ、わたしがお見送(みおく)りします。

다이죠우 부 데 스. 오 키 즈까이 아 리 가 또 우 고 자 이 마 스.

A 大丈夫(だいじょうぶ)です。お気遣(きづか)いありがとうございます。

오 키 오 츠 께 떼.

B お気(き)をつけて。

A 늦었으니, 이제 슬슬 가봐야겠습니다.
B 그럼 제가 배웅해드릴게요.
A 괜찮습니다. 신경 써 주셔서 감사합니다.
B 조심히 들어가세요.

Tip

'お気(き)をつけて'는 직역하면 '조심하세요' 정도로 해석할 수 있다. 그러나 '조심히 들어가세요'로도 쓸 수 있다.

단어

遅(おそ)い[오소이] (시간이) 늦다 気遣(きづか)い[키즈까이] 배려, 걱정 気(き)をつける[키오츠케루] 조심하다

16

선물을 준 것에 대해 감사 표시할 때

프 레 젠 또 아 리 가 또 오 고 자 이 마 스.

プレゼントありがとうございます。

선물 감사드립니다.

관련 표현

이로 이로 또 아 리 가 또 오 고 자 이 마 스.

いろいろ

色々とありがとうございます。

여러모로 감사합니다!

오우 엥 니 칸 샤 이 따 시 마 스.

おうえん かんしゃ

応援に感謝いたします。

응원에 대해 감사드립니다.

Tip

'감사합니다'라는 표현과 '감사드립니다'라는 표현은 공손함의 정도 차이에서 엄연히 다르다. 일반적으로 그냥 '감사합니다'라고 표현하고 싶을 때는 'ありがとうございます'라고 하고 '감사드립니다'라고 하고 싶을 때는 '感謝(かんしゃ)いたします'를 주로 쓴다.

대화문 1

와 따 시노 탄 죠우 비 파 - 티 - 니 키 떼 쿠다 삿 떼
A わたしの誕生日(たんじょうび)パーティーに来(き)てくださって
아 리가 또우고 자이 마 스.
ありがとうございます。

고 레 와 와따시까 라노프레 젠 또데 스.
B これはわたしからのプレゼントです。

스떼 끼 나 프 레 젠 또아 리가 또오 고 자 이 마 스.
A 素敵(すてき)なプレゼントありがとうございます。

돈 데모나 이 데 스.
B とんでもないです。
오 탄 죠우 비오 메 데 또오 고 자 이 마 스!
お誕生日(たんじょうび)おめでとうございます！

A 저의 생일 파티에 와 주셔서 감사합니다.
B 이건 제가 드리는 선물입니다.
A 근사한 선물 감사합니다.
B 감사하긴요. 생일 축하 드려요!

Tip

누군가에게 선물을 줄 때 '제가 드리는'이라는 표현을 쓰고 싶으면 보통 '~からの'(~부터의) 라는 표현을 쓴다. 본문에 나온 표현을 그대로 직역을 하면 '저로부터의'라는 뜻이 되지만, 일본어에서는 자연스럽게 '제가 드리는'이라는 표현이 된다.

단어

誕生日(たんじょうび)[탄죠우비] 생일 パーティー[파-티-] 파티 プレゼント[프레젠또] 선물
素敵(すてき)だ[스떼끼다] 근사하다

와 따 시 노 탄 죠우 비 파 – 티 – 니 키 떼 구 다 삿 떼

A わたしの誕生日(たんじょうび)パーティーに来(き)てくださって

아 리가 또 오 고 자 이 마 스.

ありがとうございます。

고 레 와 키 모 찌 바 까 리 노 모 노 데 승 아, 도 우 조.

B これは気持(きも)ちばかりのものですが、どうぞ。

와! 혼 또오니 키 레 에 데 스. 우레 시 이 데 스!

A わ！本当(ほんとう)にきれいです。嬉(うれ)しいです！

탄 죠우 비 오 메 데 또 오 고 자 이 마 스!

B 誕生日(たんじょうび)おめでとうございます！

A 저의 생일 파티에 참석해주셔서 감사합니다.
B 이것은 저의 성의이니 받아주세요.
A 와! 정말 예뻐요. 기뻐요!
B 생일 축하해요!

Tip

'気持(きも)ちばかり'는 마음 및 기분을 뜻하는 '気持(きも)ち'와 '~만'을 뜻하는 'ばかり'가 합쳐진 표현이다. 직역을 하면 '마음만'이라는 뜻인데 주로 선물을 줄 때 '気持(きも)ちばかりのもの'라고 하면 말 그대로 마음만 담긴, 즉, 대단한 물건은 아니지만 성의는 담겨 있다는 뜻으로 쓸 수 있다.

단어

気持(きも)ち[키모찌] 마음, 기분　どうぞ[도우조] 상대방에게 무엇을 권하거나 줄 때 흔히 쓰는 표현　きれいだ[키레에다] 예쁘다, 깨끗하다

17 누군가가 칭찬할 때 겸손하게 말할 때

돈　데 모 나 이 데 스.

とんでもないです。

과찬이십니다.

관련 표현

소 레 호 도 데 모 나 이 데 스.

それほどでもないです。

그 정도는 아니에요.

오 호 메 이 따 다 이 떼 아 리 가 또 오.

お誉(ほ)めいただいて ありがとう。

칭찬해 주셔서 고마워요.

PLUS

아 리 가 또 오.

ありがとう。

고마워요.

Tip

'とんでもないです'의 사전적 의미는 '당치도 않다, 천만에(요)' 등이 있지만, 윗사람이 자기에게 칭찬을 했을 때 '과찬이다'라는 뉘앙스로 많이 쓰인다.

니홍 고와 도레꾸라이 벵 꾜오사레딴 데스까?
にほんご べんきょう
A 日本語はどれくらい勉強されたんですか。

와따시와 이찌넹꾸라이 벵 꾜오시마시따.
ねん べんきょう
B わたしは1年くらい勉強しました。

하쯔옹 가 도떼 모이이데스!
はつおん
A 発音がとてもいいです！

돈 데모나이데스.
B とんでもないです。

A 일본어는 얼마나 배우셨어요?
B 저는 1년 정도 배웠습니다.
A 발음이 정말 좋으세요!
B 과찬이십니다.

Tip

'される'는 '하시다'라는 뜻으로 'する'(하다)의 경어 표현이다.
예를 들어 자기보다 지위가 높은 사람에게 무언가를 '했습니까?'의 격인 'しましたか'보다는 'されましたか'를 쓰는 것이 더 공손한 표현이다.

단어

日本語(にほんご)[니홍고] 일본어 どれくらい[도레꾸라이] 어느 정도 勉強(べんきょう)[벵꾜우] 공부
される[사레루] 하시다 発音(はつおん)[하쯔옹] 발음

대화문 ❷

니 홍 고 와 도 레 꾸 라 이 벵 꾜오 사 레 딴 데 스 까?
A 日本語(にほんご)はどれくらい勉強(べんきょう)されたんですか。

와 따 시 와 야꾸이찌넹호 도 벵 꾜오시 마 시 따.
B わたしは約(やく)1年(ねん)ほど勉強(べんきょう)しました。

하쯔옹, 아 크 센 또 모 스베 떼 캄 페끼데 스.
A 発音(はつおん)、アクセントも全(すべ)て完璧(かんぺき)です。

소 우 데 스 까? 소 레 호 도 데 모 나 이 데 스 요.
B そうですか。それほどでもないですよ。

A 일본어 얼마나 배우셨어요?
B 저는 대략 1년 정도 배웠어요.
A 발음, 억양 다 완벽합니다.
B 그래요? 그 정도는 아니에요.

단어

約(やく)[야꾸] 약 ~ほど[호도] ~정도 発音(はつおん)[하쯔옹] 발음 アクセント[아크센또] 억양
完璧(かんぺき)だ[캄페끼다] 완벽하다

18 칭찬을 할 때

혼 또우니 스 고 이 데 스!
ほんとう
本当にすごいです！
정말 대단합니다!

관련 표현

혼 또우니 스 고 이 데 스 요!
ほんとう
本当にすごいですよ!
정말 대단합니다!

사이 찡, 감 밧 떼 마 스 네!
さいきん がんば
最近、頑張ってますね!
요즘 잘하고 있어요!

PLUS
오 미고또 데 스
みごと
お見事です。
훌륭합니다.

Tip

‘頑張る(がんば)’의 사전적 의미는 ‘힘내다’이다. 그렇기 때문에 관련 표현에 나온 것처럼 ‘頑張ってますね(がんば)’라고 하면 직역상 ‘힘내고 있네요!’ 라고 해석되지만, 일본어 회화에서는 ‘잘 하고 있네요!’ 정도로 해석된다.

대화문 1

마 따 이찌 이 니 낫 딴 닷 떼? 오 메 데 또 오!
いち い
A また一位になったんだって？ おめでとう！

센 세에 노 오 카 게 데 이찌 이 니 나 레 마 시 따.
せんせい いち い
B 先生のおかげで一位になれました。

고 레 까 라 모 잇 쇼우 켄 메에 니 도 료 꾸 시 떼
いっしょうけんめい どりょく
A これからも一生懸命に努力して、

이 이 겟 까 다 시 떼 네!
けっか
いい結果だしてね！

하 이, 소 우 시 마 스.
B はい、そうします。

A 또 1등이라며? 축하해!
B 선생님의 도움으로 1등을 할 수 있었습니다.
A 앞으로도 열심히 노력해서 좋은 결과 내렴!
B 네, 그렇게 하겠습니다.

Tip

'これ'는 '이것'이고 'から'는 '~부터'이기 때문에 'これから'는 직역하면 '이것부터'가 되지만, 일반적으로는 '지금부터, 앞으로'라고 해석한다.

단어

~位(い)[이] ~위(등)　一生懸命(いっしょうけんめい)に[잇쇼우켄메에니] 열심히　努力(どりょく)する[도료꾸스루] 노력하다　結果(けっか)[켓까] 결과

사이 낑, 감 밧 떼 루 네.
A 最近(さいきん)、頑張(がんば)ってるね。

혼 또우 데 스 까?
B 本当(ほんとう)ですか。

우 찌 노 치 - 무 노 교우세끼가 이 이 노 와,
A うちのチームの業績(ぎょうせき)がいいのは、

키미노 오 카 게 다 요.
君(きみ)のおかげだよ。

코 레 까 라모 치- 무 노 타 메 니 감 바 리마 스.
B これからもチームのために頑張(がんば)ります。

A 요즘 잘하고 있어.
B 정말이에요?
A 우리 팀 업적이 이렇게 좋은 것은 너의 덕분이야.
B 앞으로도 팀을 위해서 열심히 하겠습니다.

단어

うち[우찌] 우리(집) 業績(ぎょうせき)[교우세끼] 업적 ~のおかげだ[노오카게다] ~의 덕분이다
~のために[노타메니] ~를 위해서

19 서비스에 대해 감사 표시할 때

스떼 끼 나 사 – 비 스 아 리 가 또 오 고 자 이 마 스.
すてき
素敵なサービスありがとうございます。
훌륭한 서비스에 감사드립니다.

관련 표현

오우 엥 시 떼 구 다 사 리 아 리 가 또 오 고 자 이 마 스.
おうえん
応援してくださりありがとうございます。
응원해 주셔서 감사합니다!

미나 사마노 고 리 까이니 칸 샤 이 따 시 마 스.
みなさま りかい かんしゃ
皆様のご理解に感謝いたします。
여러분의 이해에 감사드립니다!

Tip

'~해 주셔서'라는 표현인 '~てくださり'의 기본형은 '~てくださる'(~해 주시다)이다. 참고로 'て'를 빼서 'くださる'만 쓰면 무언가를 '주시다'는 의미로 쓰일 수 있다. 아래는 예시문이다.

센 세에와 와따시니펭 오 구 다 삿 따.
せんせい わたし
ex 先生は私にペンをくださった。
선생님은 나에게 펜을 주셨다.

첫 크아우또오시따이데스.

A チェックアウトをしたいです。

가시꼬마리마시따. 나니까 고후벤나텡와 고자이마셍데시따데쇼우까?

B かしこまりました。何(なに)かご不便(ふべん)な点(てん)はございませんでしたでしょうか。

이이에, 도떼 모스떼끼나사-비스 아리가또오고자이마스.

A いいえ、とても素敵(すてき)なサービスありがとうございます。

마따노고리요우오오마찌시떼오리마스.

B またのご利用(りよう)をお待(ま)ちしております。

A 체크아웃을 하고 싶습니다.

B 네, 무언가 불편한 점은 없으셨나요?

A 아니요, 정말 훌륭한 서비스 감사드립니다.

B 다음에 또 오시는 것을 기다리고 있겠습니다.

Tip

본문의 'ございませんでしたでしょうか'(없으셨습니까?)의 기본형은 'ござる'인데, 이는 'ある'(있다)의 높임말이다. 즉, 접객 등 상황상 낮은 사람이 높은 사람을 대할 때 쓰이는 표현이다. 'ござる'의 ます형은 'ございます'인 점에 유의해야 한다.

단어

チェックアウト[첵크아우또] 체크아웃　素敵(すてき)だ[스떼끼다] 근사하다, 훌륭하다

サービス[사-비스] 서비스

대화문 2

첵 크아우또노 테쯔즈끼가시따이데스.
A チェックアウトの手続(てつづ)きがしたいです。

가시코마리마시따. 토우호테루노 사－비스니와
B かしこまりました。当(とう)ホテルのサービスには

고만조꾸이따다께마시따까?
ご満足(まんぞく)いただけましたか。

시세쯔모 캄뻬끼데, 사－비스모도떼모요깟 따데스.
A 施設(しせつ)も完璧(かんぺき)で、サービスもとても良(よ)かったです。

아리가또오고자이마스.
B ありがとうございます。

A 저는 체크아웃 수속을 하고 싶습니다.
B 네, 저희 호텔의 서비스에 만족하시나요?
A 시설도 완벽하고, 서비스도 정말 좋았어요.
B 감사합니다.

Tip

보통 자신이 속한 회사나 기관을 지칭할 때, 앞에 当(とう)를 붙이는 경우가 많다. 예를 들어 회사의 경우는 当社(とうしゃ), 도서관의 경우 当館(とうかん)이라고 하기도 한다.

단어

手続(てつづ)き[테쯔즈끼] 수속　満足(まんぞく)[만조꾸] 만족　施設(しせつ)[시세쯔] 시설　完璧(かんぺき)だ[캄뻬끼다] 완벽하다

20 축하해줄 때

오 메 데 또오고자이 마 스. 지 깡 가 앗 따 라,

おめでとうございます。時間(じかん)があったら、

와 따 시 가 고찌 소 오시 마 스.

わたしがごちそうします。

축하해요. 시간이 되면 제가 식사 대접할게요.

관련 표현

오 메 데 또오 고 자 이 마 스,

おめでとうございます、

쇼오 싱 사 레 따 또 키 끼 마 시 따.

昇進(しょうしん)されたと聞(き)きました。

축하합니다. 승진했다고 들었어요.

오 메 데 또오 고 자 이 마 스,

おめでとうございます、

겟 꼰 사 레 루 또 키 끼 마 시 따.

結婚(けっこん)されると聞(き)きました。

축하해요. 결혼한다고 들었어요.

Tip

우리나라에서는 기혼 상태를 '결혼을 했다'라고 표현하지만, 일본어에서는 '結婚(けっこん)している'(결혼을 하고 있다)라고 표현한다.

대화문 1

와 따 시 라이게쯔 겟 꼰 시 마 스.
らいげつ けっこん
A わたし来月結婚します。

오 메 데 또 오 고 자 이 마 스.
B おめでとうございます。

지 깡 가 앗 따 라, 와 따 시 가 고 찌 소 오 시 마 스.
じかん
時間があったら、わたしがごちそうします。

겟 꼰 시끼니 상 까 시 떼 이 따 다 꾸 다 께 데 모
けっこんしき さんか
A 結婚式に参加していただくだけでも

아 리 가 따 이 데 스.
ありがたいです。

츠 끼 아 이 노 나가이 유우징 다 까 라, 토우젱 상 까 시 마 스.
つ あ なが ゆうじん とうぜんさんか
B 付き合いの長い友人だから、当然参加します。

A 저 다음 달에 결혼해요.
B 축하해요. 시간이 되면 제가 식사 대접할게요.
A 결혼식에 참석해주시는 것으로 감사합니다.
B 오랜 친구인데 당연히 참석해야지요.

Tip

'付き合う'(つきあう) (사귀다)라는 표현은 이성친구를 사귈 때도 흔히 사용될 수 있는 표현이고 '付き合いの長い'(つきあいのながい) (알고 지낸 지 오래된)라고 표현함으로써 교우 관계에서도 쓸 수 있다.

단어

来月(らいげつ)[라이게쯔] 내월, 다음 달　結婚(けっこん)[겟꼰] 결혼　結婚式(けっこんしき)[겟꼰시끼] 결혼식　参加(さんか)する[상까스루] 참가하다　付き合う(つきあう)[츠끼아우] 사귀다

오 메 데 또오고 자 이 마 스! 지 깡 가 앗 따 라,

A おめでとうございます！時間(じかん)があったら、

와 따 시가 고 찌 소 오시 마 스.

わたしがごちそうします。

이 야, 와 따 시가 고 찌 소 오 스 루 노 가

B いや、わたしがごちそうするのが

아 따 리마에 데 스 요.

当(あ)たり前(まえ)ですよ。

오 꼬상 모 이 떼, 오 또오상 니 나 리 마 시 따 까 라,

A お子(こ)さんもいて、お父(とう)さんになりましたから、

니 가 오모 이 데 스 요 네.

荷(に)が重(おも)いですよね。

소 우 데 스 네!

B そうですね！

A 축하해요! 시간이 되면 제가 식사 대접할게요.
B 아니, 당연히 제가 사야 맞는 거죠.
A 아이도 있고, 아빠가 되었으니 어깨에 책임이 더 무겁겠네요.
B 그러게요!

Tip

'어깨가 무겁다'라는 표현을 일본어로 직역하면 '肩(かた)が重(おも)い'가 되는데 이는 말 그대로 신체적으로 어깨가 아파서 무겁다는 뜻이 되므로, 흔히 말하는 스트레스로 인해 어깨가 무겁다는 표현은 '荷(に)が重(おも)い'를 써야 한다.

단어

ごちそうする[고찌소오스루] 대접하다, 한턱내다, 사 주다　当(あ)たり前(まえ)だ[아따리마에다] 당연하다

관계

사람은 누구나 사람들과 관계를 맺으면서 살아갑니다.
사람들과 관계를 맺을 때 필요한 표현들을 정리했습니다. 서로를 알아가는 과정을 통해서 관계가 형성되고, 그 형성된 관계를 통해서 서로를 이해하고, 존중하고, 배려할 수 있지 않을까 생각합니다.

21 하는 일이 어떠지 물을 때

시 고또 노 호오 와 이 까 가 데 스 까?

仕事(しごと)の方(ほう)はいかがですか。

하시는 일은 잘 되시나요?

관련 표현

콩 까이 노 료 꼬오 와 도 우 데 시 따 까?

今回(こんかい)の旅行(りょこう)はどうでしたか。

이번 여행 어땠어요?

고 겟 꼰 노 준 비 와 우 마 꾸 잇 떼 이 마 스 까?

ご結婚(けっこん)の準備(じゅんび)はうまくいっていますか。

준 쬬우 데 스 까?

順調(じゅんちょう)ですか。

결혼 준비 잘 되고 있나요? 순조롭나요?

Tip

'うまくいく'에서 사용된 'うまい'에는 두 가지 뜻이 있다. '잘하다, 맛있다'인데, 여기에서는 'いく'와 합쳐서 '잘 되다'라는 뜻이 된다. 일이나 상황의 진척이 잘 될 때 주로 진행형으로 써서 'うまくいっている'라고 쓴다.

대화문 1

사이 낑, 시 고또노 호오와 도 우 데 스 까?
A 最近(さいきん)、仕事(しごと)の方(ほう)はどうですか。

요 꾸 와 까 리 마 셍.
B よく分(わ)かりません。

이마노 시 고또니 지 싱 가 나 인 데 스 까?
A 今(いま)の仕事(しごと)に自信(じしん)がないんですか。

와 따 시 가 소 노 붕 야 노 시 고또 가 아 마 리
B わたしがその分野(ぶんや)の仕事(しごと)があまり

스 끼 쟈 나 이 까 라 데 스.
好(す)きじゃないからです。

A 요즘 하시는 일은 어때요?
B 그냥 그렇지요.
A 왜 그렇게 자신이 없어요?
B 제가 그 분야의 일을 좋아하지 않아서요.

Tip

'~을 좋아하다'를 뜻하는 '~が好(す)きだ'에서 우리는 흔히 조사 'を'(을/를)를 사용해야 한다고 생각하지만 '好(す)きだ'는 조사로 'が'(이/가)를 써야 한다.

단어

最近(さいきん)[사이낑] 최근 方(ほう)[호우] 어떤 일을 막연하게 지칭할 때 쓰는 말 よく[요꾸] 자주, 잘 自信(じしん)[지싱] 자신 分野(ぶんや)[붕야] 분야 あまり[아마리] 그다지

대화문 2

시 고또노 호오와 준 쬬우데 스 요 네?
A 仕事(しごと)の方(ほう)は順調(じゅんちょう)ですよね？

이 마 이 찌 데 스 네.
B いまいちですね。

도 우 시 떼 데 스 까?
A どうしてですか。

와 따 시 가 코 노 붕 야 노 시 고또 니 무 이 떼 이 나 이 또
B わたしがこの分野(ぶんや)の仕事(しごと)に向(む)いていないと

오모 이 마 스.
思(おも)います。

A 하시는 일은 순조롭죠?
B 별로예요.
A 왜요?
B 제가 이 분야의 일에 대해 맞지 않는 것 같아요.

Tip

'向(む)く'는 '향하다'는 뜻이다. 그러나 본문에 쓰여진 것처럼 진행형인 '向(む)いている'는 말 그대로 '향하고 있다'는 뜻과 '~에 맞다(적합하다)'는 뜻으로도 쓰인다. 아래는 예시문이다.

코 노 홍 와 코도모니 무 이 떼 이 루.
예) この本(ほん)は子供(こども)に向(む)いている。
이 책은 어린이에게 맞다(적합하다).

단어

いまいちだ[이마이찌다] 별로다　どうして[도우시떼] 어째서, 왜

22 하는 일이 무엇인지 물어볼 때

돈 나 카이샤 니 쯔또메 떼 이 마 스 까?

かいしゃ つと
どんな会社に勤めていますか。

어떤 회사에서 일하시나요?

관련 표현

도 꼬 데 하따라이 떼 이 마 스 까?

はたら
どこで働いていますか。

어디에서 일하시나요?

도 노 카이샤 데 하따라이 떼 이 마 스 까?

かいしゃ はたら
どの会社で働いていますか。

무슨 회사에서 일하시나요?

Tip

'働く(はたら)'와 '勤める(つと)'의 사전적 의미는 각각 '일하다'와 '근무하다'이다. 의미상으로는 큰 차이가 없다. 뉘앙스적으로는 전자는 몸을 쓰며 일하는 듯하고, 후자는 사무적인 일을 하는 듯하다. 실제 사용할 때는 큰 구분 없이 사용된다. 그러나 각각 조사는 각별하게 유의해서 사용해야 된다. 전자는 조사 'で'를 써야 하고, 후자는 'に'를 써야 한다.

대화문 1

도 노 카이샤 데 하따라이 떼 이 마 스 까?
A どの会社(かいしゃ)で働(はたら)いていますか。

와 따 시 와 쇼우 갓 꼬우노 센 세에 데 스.
B わたしは小学校(しょうがっこう)の先生(せんせい)です。

갓 꼬우데 도노 꾸 라 이 하따라끼마 시 따 까?
A 学校(がっこう)でどのくらい働(はたら)きましたか。

카조에 떼 미 따 라. 야꾸 니 쥬우넨 꾸 라 이 데 스 네.
B 数(かぞ)えてみたら、約(やく)二十年(にじゅうねん)くらいですね。

A 무슨 회사에서 일하시나요?
B 저는 초등학교 선생님입니다.
A 학교에서 얼마나 일하셨나요?
B 계산해보면 약 20년 정도요.

Tip

보통 '무슨'을 뜻하는 용어는 '何(なん)の'를 쓴다. 그러나 존댓말을 써야 하는 상황에서는 높임말 'どの'를 쓴다. 'どの'는 참고로 '어느(쪽)'이라는 뜻으로도 쓰이니 유의해서 사용해야 한다.

단어

どの[도노] '무슨'의 높임말, 어느(쪽)　会社(かいしゃ)[카이샤] 회사　働(はたら)く[하따라쿠] 일하다
小学校(しょうがっこう)[쇼우갓꼬우] 초등학교　数(かぞ)える[카조에루] (수를) 세다　~年(ねん)[넨] ~년

도 노 카이 샤 데 하따라이 떼 이 마 스 까?
かいしゃ はたら
A どの会社で働いていますか。

와 따 시 와 세이 후 키 깡 데 하따라이떼 이 마 스.
せいふきかん はたら
B わたしは政府機関で働いています。

쟈 아, 코우 무 잉 데 스 까?
こうむいん
A じゃあ、公務員ですか。

하 이, 소 우 데 스.
B はい、そうです。

A 무슨 회사에서 일하시나요?
B 저는 정부기관에서 일합니다.
A 그럼 공무원인가요?
B 네, 맞습니다.

Tip

'働く'(일하다)를 사용할 때 조심해야 될 점은, 한국어에서는 흔히 '~에서 일합니다'라고 표현할 수 있지만, 일본어에서는 현재 일하고 있다고 표현할 때는 무조건 동사의 현재진행형을 사용하는 현재형을 써야 한다.
'~で働いています'

단어

政府機関(せいふきかん)[세이후키깡] 정부 기관 公務員(こうむいん)[코우무잉] 공무원

23 고향이 어디인지 물어볼 때

고 슛 싱 와 도 찌 라 데 스 까?

ご出身(しゅっしん)はどちらですか。

고향이 어디신가요?

관련 표현

슛 싱 와 도 꼬 데 스 까?

出身(しゅっしん)はどこですか。

고향이 어디인가요?

짓 까 데 쿠 라 시 떼 도 노 꾸 라 이 데 스 까?

実家(じっか)で暮(く)らしてどのくらいですか。

고향에서 생활하신 지 얼마나 되셨나요?

PLUS

오 쿠니와 도 찌 라 데 스 까?

お国(くに)はどちらですか。

고국(고향)은 어딥니까?

Tip

보통 출신지를 물을 때는 '出身(しゅっしん)はどこですか。'라는 표현을 쓴다. 그러나 '実家(じっか)'가 어디인지 물을 때도 있는데, '実家(じっか)'는 '본가'를 뜻한다. 즉, 본가를 물으면 보통 고향이 어딘지 묻는 질문이 된다.

짓 까 와 도 꼬 데 스 까?
じっ か
A 実家はどこですか。

와 따 시 노 짓 까 와 체 주 토우데 스.
じっ か チェ ジュ トウ
B わたしの実家は済州島です。

소 꼬 니 도 노 꾸 라 이 스 미 마 시 따 까?
す
A そこにどのくらい住みましたか。

코오꼬오오 소쯔교우스 루 마 데 슨 데 이 마 시 따.
こう こう そつぎょう す
B 高校を卒業するまで住んでいました。

A 고향이 어디인가요?
B 저의 고향은 제주도입니다.
A 거기에서 얼마나 살았어요?
B 고등학교 졸업할 때까지요.

Tip

'住む(す)'는 '살다'를 뜻하는데 한국인들이 조사를 잘 헷갈린다. 우리는 흔히 '~에서 산다'고 표현하기 때문에 조사 'で'를 쓰기 쉬운데 조사는 'に'를 써야 한다. 이 점 반드시 유의하자.

단어

実家(じっか)[짓까] 본가 済州島(チェジュトウ)[제주토우] 제주도 どのくらい[도노꾸라이] 어느 정도
~に住む(す)[니스무] ~에 살다 高校(こうこう)[코오꼬오] 고등학교

숏 싱 와 도 찌라 데 스 까?
しゅっしん
A 出身はどちらですか。

소 우 루 데 스.
B ソウルです。

소 꼬데 도 노 꾸라 이 쿠 라시마 시 따 까?
く
A そこでどのくらい暮らしましたか。

이마 마 데 즛 또 쿠 라 시떼 이 마 스.
いま く
B 今までずっと暮らしています。

A 고향이 어디인가요?
B 서울이요.
A 그곳에서 얼마나 생활하셨어요?
B 줄곧 지금까지 살았어요.

Tip

'暮らす(くらす)'와 '住む(すむ)'라는 얼핏 뜻이 비슷해서 구별하기 힘들 수 있다. 실제로는 뜻이 비슷하긴 하나 약간의 차이가 있다. 전자는 '지내다, 생활하다'의 뉘앙스가 강하다. 후자는 말그대로 '살다'라는 뉘앙스가 강하다. 그리고 전자는 조사 'で'를 써야 한다.

단어

出身(しゅっしん)[숏싱] 출신　暮らす(くらす)[쿠라스] 지내다　ずっと[즛또] 줄곧

24 부탁할 때

고 멘 도우데 스 가, 테 츠닷 떼 모라 에 마 셍 까?

ご面倒(めんどう)ですが、手伝(てつだ)ってもらえませんか。

번거롭겠지만, 절 도와줄 수 있나요?

관련 표현

고 멘 도우데 승 아, 고 노 니 모쯔 아 게 떼
모 라 에 마 스 까?

ご面倒(めんどう)ですが、この荷物(にもつ)上(あ)げてもらえますか。

번거롭겠지만 이 짐을 올려줄 수 있나요?

오 테 스우 데 승 아, 오 떼 츠다이 구 다 삿 떼
아 리 가 또 오 고 자 이 마 스.

お手数(てすう)ですが、お手伝(てつだ)いくださってありがとうございます。

번거롭겠지만 도와주셔서 감사합니다.

Tip

간단한 대화 상황에서는 '번거롭겠지만'을 'ご面倒(めんどう)ですが'로 쓸 수 있지만 비즈니스상, 특히 메일에서는 'お手数(てすう)ですが'를 주로 사용해야 한다.

대화문 1

고 멘 도우데 스 가.
めんどう
A ご面倒ですが、

춋 또 테 츠닷 떼 모 라 에 마 셍 까?
てつだ
ちょっと手伝ってもらえませんか。

하 이. 카 마 이 마 셍 요.
B はい、かまいませんよ。

코 노 니모쯔오 우에 니 아 게 따 이 데 스.
にもつ うえ あ
A この荷物を上に上げたいです。

몬 다이 나 이 데 스.
もんだい
B 問題ないです。

A 번거롭겠지만 좀 도와줄 수 있나요?
B 네, 상관없어요.
A 이 짐을 위로 올리고 싶습니다.
B 문제 없습니다.

Tip

'上(あ)げる'는 사전적 의미가 상당히 많기 때문에 헷갈리기 쉬운 표현이다. 주로 쓰이는 것은 본문에 나온 '올리다'와 무언가를 '주다'이다. 이 두 표현은 자주 쓰이는 표현이니 꼭 외워두자.

단어

荷物(にもつ)[니모쯔] 짐　上(うえ)[우에] 위　上(あ)げる[아게루] 올리다　問題(もんだい)[몬다이] 문제

시쯔레에 데 스 가.
しつれい
A 失礼ですが、

히또쯔 오 우카가이시떼 모 요로 시 이 데 쇼 우 까?
ひと うかが
一つお伺いしてもよろしいでしょうか。

하 이, 도 오 조.
B はい、どうぞ。

쿠우꼬오 바 스 와 도 꼬 데 노 루 노 까 고 존 지 데 스 까?
くう こう の ぞん じ
A 空港バスはどこで乗るのかご存知ですか。

테 마에노 스 ー 파 ー 노 마에데 테이 샤 시 마 스.
て まえ まえ ていしゃ
B 手前のスーパーの前で停車します。

A 실례합니다만, 한 가지 여쭤봐도 될까요?
B 네, 말씀하세요.
A 공항버스를 어디에서 타는지 아시나요?
B 바로 앞의 슈퍼 앞에서 정차합니다.

Tip

'どうぞ'는 일본어 회화에서 상당히 많이 쓰이는 표현이지만, 이해하기에 다소 어렵기도 한 표현이다. 한국어로 직역하기 힘든 표현이다. 상황에 따라 요긴하게 쓸 수 있는 표현인데, 남에게 무엇을 권하거나 허락할 때 주로 쓰인다. 본문에 나온 '말씀하세요'라고 하는 것처럼 부탁하는 행위를 허락할 때 쓸 수 있다. 'ご存知だ(ぞんじ)'의 뜻은 '알고 계시다'이다. 상대가 높은 사람일 때 쓰는 경어 표현이다.

단어

空港(くうこう)[쿠우꼬오] 공항　バス[바스] 버스　乗る(の)[노루] 타다　手前(てまえ)[테마에] 앞
スーパー[스-파-] 슈퍼　停車(ていしゃ)する[테이샤스루] 정차하다

25 초대할 때

와 따 시 노 이에 니 제 히 고 쇼우따이 시 따 이 데 스.

わたしの家(いえ)にぜひご招待(しょうたい)したいです。

저희 집으로 꼭 초대하고 싶습니다.

관련 표현

와 따 시 노 이에에 오 쇼꾸 지 노 고 쇼우 따이오

わたしの家(いえ)へお食事(しょくじ)のご招待(しょうたい)を

시 따 이 데 스.

したいです。

저희 집에 식사 초대하고 싶습니다.

와 따 시 노 니 혼 고 노 카 떼이쿄우 시 니

わたしの日本語(にほんご)の家庭教師(かていきょうし)に

낫 떼 모 라 이 따 이 데 스.

なってもらいたいです。

저의 일본어 과외 선생님을 해주셨으면 합니다.

Tip

'ぜひ'의 사전적 의미는 '꼭'이지만, 비슷한 어휘인 '必(かなら)ず'(꼭, 반드시), 'きっと'(꼭, 반드시)와는 쓰임이 다르다. 'ぜひ'는 타인에게 권유하거나 간청할 때 주로 쓴다. 본문에 나온 것처럼 누군가를 초대할 때도 많이 쓰인다.

콘 도 노 도 요오비 니 우 찌 니 제 히 고 쇼우따이시 따 이 데 스.

A 今度(こんど)の土曜日(どようび)にうちにぜひご招待(しょうたい)したいです。

이 이 데 스 네. 오 이에 와 도 꼬 니 아 리 마 스 까?

B いいですね。お家(いえ)はどこにありますか。

다이깡 긴 꼬우 노 우시로 노 호우니 아 리 마 스.

A 大韓銀行(だいかんぎんこう)の後(うし)ろの方(ほう)にあります。

난 지 마 데 이 께 바 이 이 데 스 까?

B 何時(なんじ)まで行(い)けばいいですか。

A 이번 토요일에 저희 집에 놀러 오시라고 초대하고 싶습니다.
B 좋아요. 집이 어디에 있죠?
A 대한은행 뒷쪽에 있어요.
B 몇 시까지 가면 좋을까요?

Tip

'今度(こんど)'의 사전적 의미는 '이번, 다음'이다. 두 의미가 있기 때문에 해석할 때 유의해야 한다. '今度会(こんどあ)いましょう'(다음에 만납시다)처럼 다음에 만나자는 뉘앙스로 자주 쓰이지만, 여기서 '다음'은 가까운 미래를 뜻한다. 기약이 없는 '다음'이 아니다. 반면에, 본문에 나온 '이번 토요일'처럼 구체적으로 코앞에 있는 일정을 지정하여 쓸 수도 있다.

단어

今度(こんど)[콘도] 이번, 금번 招待(しょうたい)[쇼우따이] 초대, 초청 どこ[도꼬] 어디 銀行(ぎんこう)[긴꼬우] 은행 後(うし)ろ[우시로] 뒤

콘 슈우노 도 요오비,
こんしゅう ど よう び
A 今週の土曜日、

와 따 시 노 이에에 고 쇼우따이 시 따 이 데 스.
いえ しょうたい
わたしの家へご招待したいです。

소 레 와 이 이 데 스 네.
B それはいいですね。

오 힛 꼬 시 사 레 따 오 이에와 도 꼬 니 아 리 마 스 까?
ひ こ いえ
B お引っ越しされたお家はどこにありますか。

카이 샤 까 라 아루이 떼 쥿 뿡 구 라 이 데 츠 끼 마 스.
かいしゃ ある じゅっぷん つ
A 会社から歩いて十分くらいで着きます。

A 이번 주 토요일에 저희 집에 놀러 오시라고 초대하고 싶습니다.
B 좋아요.
B 이사한 집은 어디에 있죠?
A 회사로부터 걸어서 10분이면 도착해요.

PLUS 와 따 시 노 이에 니 끼 마 센 까?
いえ き
わたしの家に来ませんか。
우리 집에 오지 않겠어요?

단어

どようび 土曜日[도요오비] 토요일　ひこ 引っ越しする[힛꼬시스루] 이사하다　~から[까라] ~(로)부터　つ 着く[츠쿠] 도착하다

26 사귀자고 할 때

와 따 시 또 츠 끼 앗 떼 구 다 사 이.

わたしと付(つ)き合(あ)ってください。

저랑 사귀어 주세요.

관련 표현

토모 다찌 니 나 리 마 쇼 우.

友達(ともだち)になりましょう。

친구해요.

쿄우 까 라 와 따 시 따 찌 세이시끼 니

今日(きょう)からわたしたち正式(せいしき)に

츠 끼 아 이 마 쇼우. 도 우 데 스 까?

付(つ)き合(あ)いましょう。どうですか。

오늘부터 우리 정식으로 사귀어요. 어때요?

Tip

보통 일본에서 고백을 할 때에는 '사귀자'를 직역한 '付(つ)き合(あ)おう'를 사용하는 경우도 있지만, '사귀어 주세요'라는 표현을 직역한 '付(つ)き合(あ)ってください'를 사용하는 경우가 더 많다.

대화문 1

숫 싱 와 도찌라데스 까?
A 出身(しゅっしん)はどちらですか。

와 따 시 와 푸 산 노 히또데 스.
B わたしは釜山(プサン)の人(ひと)です。

아! 쟈 아, 와 따 시 또 지 모또가 오나지 난 데 스 네.
A あ！じゃあ、わたしと地元(じもと)が同(おな)じなんですね。

혼 또우니 키 구우데 스 네. 오 도모다찌니 나 리 마 쇼 우 요.
B 本当(ほんとう)に奇遇(きぐう)ですね。お友達(ともだち)になりましょうよ。

A 고향이 어디에요?
B 저는 부산 사람입니다.
A 아! 그럼, 저랑 동향이네요.
B 정말 우연이네요. 우리 친구해요.

Tip

단순히 '우연'을 뜻하는 단어는 '偶然(ぐうぜん)'이다. 본문에 나온 '奇遇(きぐう)だ'는 사전적 의미로는 '기이한 만남'이라고 되어 있지만, 실제 회화에서는 첫 만남에서 여러 공통점 등이 있어 신기한 우연으로 만났다는 뉘앙스로 쓰인다.

단어

出身(しゅっしん)[슛싱] 출신 どちら[도찌라] 어디(どこ보다 공손한 말씨) 人(ひと)[히또] 사람
地元(じもと)[지모또] 자기의 생활근거지, 본가 同(おな)じだ[오나지다] 같다

대화문 2

숏싱 와도찌라데스까?
しゅっしん
A 出身はどちらですか。

와따시와 쿄오또 우마레노 히또난 데스케레도모,
きょうと う ひと
B わたしは京都生まれの人なんですけれども、

아나따와도찌라데스까?
あなたはどちらですか。

와따시와 토오쿄오숏싱 데스.
とうきょうしゅっしん
A わたしは東京出身です。

쟈아, 쿄우 까라오도모다찌니나리마쇼우.
きょう ともだち
B じゃあ、今日からお友達になりましょう。

A 어디 사람이에요?
B 저는 교토 출생인데, 당신은 어디입니까?
A 저는 도쿄 출신입니다.
B 그럼, 우리 오늘부터 친구해요.

Tip

'~生(う)まれ'는 '~ 출생'이라는 뜻인데, 앞에 연도를 붙이면 출생년월을 뜻하게 되고, 지역을 쓰면 어느 지역 출신이라는 뜻이 된다.

예) わたしは 94 年(ねん)生(う)まれです。
저는 94년생입니다.

단어

京都(きょうと)[쿄오또] 교토 東京(とうきょう)[토오쿄오] 도쿄

27 프러포즈할 때

와 따 시 또 겟 꼰 시떼 구 다 사 이.

わたしと結婚(けっこん)してください。

저랑 결혼해 주세요.

관련 표현

와 따 시또 겟 꼰 시떼 쿠레 마 셍 까?

わたしと結婚(けっこん)してくれませんか。

저와 결혼해주실래요?

보꾸노 카노죠 니 낫 떼 구다 사 이.

僕(ぼく)の彼女(かのじょ)になってください。

저의 여자친구가 되어주세요.

PLUS

하 이, 이 이 데 스 요.

はい、いいですよ。

네, 좋아요.

Tip

僕(ぼく)는 'わたし'처럼 '나'를 뜻하는 단어인데, 남성만 사용이 가능하다.

보꾸또 겟 꼰 시 떼 구다 사이.
A 僕(ぼく)と結婚(けっこん)してください。

와 따 시 따 찌 마다 츠 끼 앗 떼 나가꾸 나 이 노 니.
B わたしたちまだ付(つ)き合(あ)って長(なが)くないのに、

소 레 가 카 노우 다 또 오모이 마 스 까?
それが可能(かのう)だと思(おも)いますか。

쟈 아. 이 쯔 까 라 겟 꼰 데 끼 루 또 오모 이 마 스 까?
A じゃあ、いつから結婚(けっこん)できると思(おも)いますか。

스꾸 나 꾸 또 모 이찌 넹 와 츠 끼 앗 떼 미 나 이 또
B 少(すく)なくとも一年(いちねん)は付(つ)き合(あ)ってみないと

이 께 나 이 또 오모이 마 스.
いけないと思(おも)います。

A 저랑 결혼해 주세요.
B 우리가 아직 사귄 지 오래되지 않은데 어떻게 그게 가능해요?
A 그럼, 언제 결혼하는 게 맞아요?
B 적어도 1년 정도는 지나봐야 하지 않을까요.

Tip

'長(なが)い'는 의미상으로는 '(길이가) 길다'이다. 하지만 단순히 물리적인 길이를 지칭할 때만 쓰지는 않는다. 본문처럼 사귄 기간이 길지 않다고 표현할 때도 쓰인다.

단어

まだ[마다] 아직 長(なが)い[나가이] 길다, 오래다 可能(かのう)だ[카노우다] 가능하다
思(おも)う[오모우] 생각하다 少(すく)なくとも[스꾸나꾸또모] 적어도

대화문 ❷

와 따 시 또 겟 꼰 시 마 셍 까?
A わたしと結婚(けっこん)しませんか。

와 따 시 와 다이스께 상 또 아 마 리
B わたしは大輔(だいすけ)さんとあまり

아 와 나 이 또 오모 이 마 스.
合(あ)わないと思(おも)います。

도 우 이 우 도 꼬 로 가 아 와 나 인 데 스 까?
A どういうところが合(あ)わないんですか。

카 치 깡 데 스.
B 価値観(かちかん)です。

A 저랑 결혼하지 않을래요?
B 저는 다이스께 씨랑 그다지 잘 안 맞는 것 같아요.
A 어떤 점이 안 맞아요?
B 가치관이요.

Tip

'どういう'는 'どんな'(어떤)의 격식 차린 말씨이다.
'ところ'는 뜻이 상당히 많기 때문에 주의해야 한다. 본문에 나온 것처럼 '점'으로 쓸 수도 있지만, 곳, 장소 등으로도 많이 쓰이니 주의하자.

코 꼬 와 와 따 시 가 스 끼 나 도 꼬 로 데 스.
예) ここはわたしが好(す)きなところです。
여기는 제가 좋아하는 장소입니다.

단어

あまり[아마리] 그다지　合(あ)う[아우] 수지가 맞다, (크기 등이) 맞다　価値観(かちかん)[카치깡] 가치관

28 헤어질 때

와 따 시따 찌 와까레 마 쇼 오.
わか
わたしたち、別れましょう。

아 나 따 또 와 세이까꾸 가 아 와 나 이 데 스.
せいかく あ
あなたとは性格が合わないです。

우리 헤어져요. 당신과는 성격이 안 맞아요.

관련 표현

와 따 시따 찌 와까 레 마 쇼 우.
わか
わたしたち、別れましょう。

아 나 따 또 와 이로이로 또 아 와 나 이 데 스.
いろいろ あ
あなたとは色々と合わないです。

우리, 헤어져요. 당신과는 여러모로 안 맞아요.

와 따 시따 찌 와까 레 마 쇼 우.
わか
わたしたち、別れましょう。

세에 까꾸 가 와 따 시 또와 아 와 나 이 데 스.
せいかく あ
性格がわたしとは合わないです。

우리, 헤어져요. 성격이 저와 맞지 않아요.

Tip

이별을 통보할 때는 사귀어 달라고 할 때 '付き合ってください'(사귀어 주세요)라고 하는 것과는 달리 '헤어져 주세요'라고는 하지 않는다.

대화문 1

소 로 소 로 겟 꼰 노 코 또 모 캉가 에 나 꺄
A そろそろ結婚(けっこん)のことも考(かんが)えなきゃ

이 께 나 인 쟈 나 이 노 까 나?
いけないんじゃないのかな？

이 야, 와 따 시 따 찌, 와까레 마 쇼 우.
B いや、わたしたち、別(わか)れましょう。

아 나 따 또 와 이로이로 또 아 와 나 이 데 스.
あなたとは色々(いろいろ)と合(あ)わないです。

나니 가 아 와 나 인 데 스 까?
A 何(なに)が合(あ)わないんですか。

세에까꾸 가 아 와 나 이 데 스.
B 性格(せいかく)が合(あ)わないです。

A 슬슬 결혼 생각도 해야 하지 않을까요?
B 아니요, 우리 헤어져요. 당신과는 여러모로 안 맞아요.
A 뭐가 안 맞아요?
B 성격이 안 맞아요.

단어

そろそろ[소로소로] 슬슬　別(わか)れる[와까레루] 헤어지다　性格(せいかく)[세에까꾸] 성격

와 따 시 따 찌, 와까레 마 쇼 우.
A わたしたち、別(わか)れましょう。

나 제 데 스 까?
B なぜですか。

와 따 시 따 찌 와 가 치 깡 가 치가 이 마 스.
A わたしたちは価値観(かちかん)が違(ちが)います。

와 따 시 와 와까레 따 꾸 나 이 데 스.
B わたしは別(わか)れたくないです。

A 우리, 헤어져요.
B 왜요?
A 우리는 가치관이 달라요.
B 저는 헤어지고 싶지 않아요.

Tip

'わたしは別(わか)れたくないです'에서 '~たくない'는 'たい'(하고 싶다)의 부정형이다. 아래는 'たい' 긍정형 예문이다.

와 따 시 와이마, 규우뉴우가 노 미 따 이 데 스.
예) わたしは今(いま)、牛乳(ぎゅうにゅう)が飲(の)みたいです。
저는 지금 우유가 마시고 싶습니다.

'たい'형을 쓸 때 주의해야 할 점은 조사를 'が'를 써야 한다는 것이다.

단어

なぜ[나제] 왜, 어째서　違(ちが)う[치가우] 다르다

29 약속을 변경할 때

스 미 마 셍 가, 큐우 나 요오 지 가 데 끼 떼,
きゅう ようじ
すみませんが、急な用事ができて、

지 깡오 카에나 꺄 이케 나이 또 오모이 마 스.
じかん か おも
時間を変えなきゃいけないと思います。

죄송한데 갑자기 일이 생겨서 시간을 바꿔야 할 것 같아요.

관련 표현

모우시와께나이 데 스.
もう わけ
申し訳ないです。

콘 도, 와 따 시가 고 찌 소 오 시마스.
こんど
今度、わたしがごちそうします。

죄송합니다. 다음에 제가 식사 대접할게요.

혼 또우니 고 멘. 콘 도 오 사께데 모오 고 루 요.
ほんとう こんど さけ
本当にごめん。今度お酒でもおごるよ。

정말 미안해. 나중에 술이라도 살게.

Tip

죄송하다고 할 때에는 보통 'すみません'을 쓰지만, 공손한 자리나 자기보다 위치가 높은 사람에게는 보통 '申し訳ありません(もう わけ)'을 쓰는 경우가 많다. 메일에서나 직장 상사에게 쓰거나, 손님에게도 많이 사용된다.

대화문 1

스 미 마 셍 가, 큐우나 요오지 가 데 끼 떼,
A すみませんが、急(きゅう)な用事(ようじ)ができて、

지 깡 오 카 에 나 꺄 이 케 나 이 또 오모이 마 스.
時間(じかん)を変(か)えなきゃいけないと思(おも)います。

마 따 콘 도 아 와 나 꺄 이 께 나 이 데 스 네.
B また今度(こんど)会(あ)わなきゃいけないですね。

콘 도 와 따 시 가 고 찌 소 오 시 마 스.
A 今度(こんど)わたしがごちそうします。

오 꼬또 바 니 아마에 떼.
B お言葉(ことば)に甘(あま)えて。

A 죄송한데 갑자기 일이 생겨서 시간을 바꿔야 할 것 같아요.
B 다음에 만나야겠네요
A 다음에 제가 밥 살게요.
B 좋지요.

Tip

'お言葉(ことば)に甘(あま)えて'는 관용구인데, 남이 권유나 제안을 했을 때 그것을 마다하지 않겠다는 의미로 쓴다.

단어

急(きゅう)だ[큐우다] 바쁘다 用事(ようじ)[요오지] 용무 言葉(ことば)[고또바] 말, 이야기 甘(あま)える[아마에루] 호의나 친절을 스스럼없이 받아 들이다

대화문 2

셋 까꾸 앗 따노니 모우 이꾸노?
A せっかく会(あ)ったのにもう行(い)くの?

고멘. 큐우나 요우지가 데끼짯떼.
B ごめん。急(きゅう)な用事(ようじ)ができちゃって。

잔넨다네.
A 残念(ざんねん)だね。

요우지사에나께레바, 와따시가 오사께오고루노니.
B 用事(ようじ)さえなければ、私(わたし)がお酒(さけ)おごるのに。

A 기껏 만났는데 벌써 가?
B 미안해. 갑자기 일이 생겨서.
A 아쉽네.
B 일만 없었으면 내가 술 샀을 텐데.

Tip

'さえ'의 사전적 의미에는 '까지도, 조차' 이런 뜻이 있지만, 본문에서 사용된 용법은 다르다. 문장에 '~ば'(~하면)가 들어갔을 때 'さえ'가 쓰이면, '~ば' 앞에 나온 조건이 있을 때 뒤에 나오는 일도 충족된다는 뜻으로 쓰인다. 본문을 보면 더 이해하기 쉽겠지만, '~ば' 앞에 나온 문장은 '용무가 없다'는 뜻이 되므로, '용무가 없으면' 뒤에 오는 '술을 사준다'는 일이 일어난다는 뜻이 된다.

단어

せっかく[셋까꾸] 기껏 もう[모우] 벌써 できる[데끼루] 생기다
残念(ざんねん)だ[잔넨다] 안타깝다

30 식사 대접을 한다고 할 때

와 따 시가 고찌소오시 따 이 데 스.

わたしがごちそうしたいです。

제가 식사 대접하고 싶어요.

관련 표현

와 따 시 가 오 챠 오 고 찌 소 오 시 따 이 데 스.

わたしがお茶(ちゃ)をごちそうしたいです。

제가 차 한 잔 사고 싶어요.

보꾸 가 아시 따 고 항 오 고 루 요.

僕(ぼく)が明日(あした)ごはんおごるよ。

내가 내일 밥 살게.

PLUS

츄– 쇼꾸, 잇 쇼 니 시 마 셍 까?

昼食(ちゅうしょく)、一緒(いっしょ)にしませんか。

점심, 함께 안 할래요?

↳ 상대에게 제안을 할 때 부정형을 사용하여 표현하면 다소 정중하고 완곡한 느낌을 준다.

Tip

'ごちそう'는 주로 식사를 대접하거나, 호화로운 식사 자체를 뜻하는 의미이기 때문에 영화비를 내거나 다른 재화를 사준다고 할 때 잘 쓰이지는 않는다.

대화문 1

와 따 시가 고찌 소 오시 따 이 데 스.
A わたしがごちそうしたいです。

혼 또우데 스 까? 에, 죠오단 데 스 요 네?
B 本当(ほんとう)ですか。え、冗談(じょうだん)ですよね？

혼 또우 데 스 요.
A 本当(ほんとう)ですよ。

다 나까상 꼬 소 죠오단 이 와 나 이 데 구다 사이 요.
田中(たなか)さんこそ 冗談(じょうだん)いわないでくださいよ。

셋 까 꾸다 까 라, 카나라즈 이 끼 마 스.
B せっかくだから、必(かなら)ず行(い)きます。

A 제가 식사 대접하고 싶어요.
B 정말요? 어, 농담이죠?
A 정말이에요. 다나카 씨야말로 농담하지 말아요.
B 모처럼이니, 꼭 먹으러 가야지요.

PLUS

곤 도 노 니찌요오 노 유우가따
今度(こんど)の日曜(にちよう)の夕方(ゆうがた)、
오 쇼꾸 지 니 이 랏 샤 이 마 센 까?
お食事(しょくじ)にいらっしゃいませんか。
이번 일요일 저녁에 식사하러 오시지 않겠습니까?

단어

冗談(じょうだん)[죠오단] 농담 ~こそ[꼬소] ~야말로 せっかく[셋까꾸] 모처럼 必(かなら)ず[카나라즈] 반드시, 꼭

대화문 2

코 노 아이다오 세 와 니 낫 딴 데,
A この間(あいだ)お世話(せわ)になったんで、

오 레에 가 시 따 이 데 스.
お礼(れい)がしたいです。

돈 데 모 나 이 데 스 요.
B とんでもないですよ。

아시따 노 요루, 와 따 시 노 이에데 고 찌 소 오 시 따 이 데 스.
A 明日(あした)の夜(よる)、わたしの家(いえ)でごちそうしたいです。

쟈 아, 오 코또 바 니 아마에 떼.
B じゃあ、お言葉(ことば)に甘(あま)えて。

난 지 니 아 이 마 쇼 오 까?
何時(なんじ)に会(あ)いましょうか。

A 저번에 신세를 져서, 보답을 하고 싶어요.
B 천만에요.
A 내일 저녁에 저희 집에서 식사 대접하고 싶어요.
B 그럼, 좋아요. 몇 시에 볼까요?

Tip

일본어로 'この間(あいだ)'는 '저번에, 요전'이라는 뜻인데, 間(あいだ)는 '사이'라는 뜻으로 자주 사용되고, 'この'는 '이'라는 뜻이라서 '이 사이'로 헷갈릴 수 있다. 이 부분 유의하자.

단어

お世話(せわ)になる[오세와니나루] 신세지다 お礼(れい)[오레에] 답례(보답)

31 선물을 주면서 말을 할 때

코레 와혼 노 기 모찌데스 노 데,

これはほんの気(き)持(も)ちですので、

우 께 톳 떼 구다 사이.

受(う)け取(と)ってください。

이건 제 성의니 받아주세요.

관련 표현

우 께 톳 떼 구다 사이.

受(う)け取(と)ってください。

받아주세요.

기 모 찌 바 까 리데 스.

気(き)持(も)ちばかりです。

작은 성의입니다

Tip

'선물을 받아주세요'라고 할 때 일반적으로 많이 쓰는 '받다'의 동사 '受(う)ける'만 써서는 안 된다. '受(う)ける' 자체가 '받다'라는 뜻이지만, 선물 등을 받아 달라고 할 때는 '受(う)け取(と)る'를 많이 쓴다.

대화문 1

탄 죠오비 오 메데또오고자이마스! 고레와혼 노
たんじょうび
A 誕生日おめでとうございます！ これはほんの

기 모 찌데스노데, 우께 톳 떼구다사이.
き も　う と
気持ちですので、受け取ってください。

아 리가 또오고자이마스!
B ありがとうございます！

도우얏 떼와따시노탄 죠오비오 시리마시따 까?
たんじょうび　し
どうやってわたしの誕生日を知りましたか。

와 따 시따찌노 탄 죠오 비오나지 쟈 나이데스 까?
たんじょうび おな
A わたしたちの誕生日同じじゃないですか。

아! 소우데 시따 네.
B あ！そうでしたね。

A 생일 축하해요! 이건 제 작은 성의니 받아주세요.
B 고마워요! 어떻게 제 생일을 알았어요?
A 우리 생일 같잖아요.
B 아! 그렇네요.

Tip

본문을 보면 알 수 있다시피 '작은 성의'는 'ほんの気持ち(きもち)'로 표현되어 있다. '気持ち(きもち)'는 마음을 뜻하고, 'ほんの'의 사전적 의미는 '그저 명색뿐인, 정말 그 정도밖에 못 되는'이다. 두 어휘를 합치면 말 그대로 '정말 마음밖에 없는, 마음밖에 담겨있지 않은' 정도로 해석된다. 한마디로 비싸고 호화로운 선물은 아니고 작은 성의가 담긴 선물이라는 뜻이다.

단어

誕生日(たんじょうび)[탄죠오비] 생일　受け取る(うけとる)[우께토루] (선물이나 물건 등)을 받다
どうやって[도우얏떼] 어떻게　知る(しる)[시루] 알다

대화문 ②

고레 와 혼 노 기 모찌 데 스.
A これはほんの気持(きも)ちです。

프레젠 또다난 떼, 손 나, 와루이 데 스 요.
B プレゼントだなんて、そんな、悪(わる)いですよ。

기 모 찌 바 까 리 데 스.
A 気持(きも)ちばかりです。

키 오 쯔까와 세 떼 시 마 이 마 시 따 네.
B 気(き)を遣(つか)わせてしまいましたね。

혼 또오니 스 미 마 셍.
本当(ほんとう)にすみません。

A 이건 제 작은 성의입니다.
B 갑자기 무슨 선물을 가지고 오셨어요.
A 작은 성의예요.
B 신경을 쓰게 했네요. 정말 죄송해요.

Tip

본문에 나온 '悪(わる)いですよ'를 해석할 때 주의해야 한다. '悪(わる)い'는 원래 '나쁘다'는 뜻이다. 그러나 누군가가 선물이나 호의를 베풀어준다고 할 때 '悪(わる)いですよ'라고 하면 보통 '이런 호의(선물)를 받게 되어 미안하다'는 뉘앙스로 쓰인다. 하나의 관용구처럼 외워두자. '気持(きも)ちばかり'에서 '気持(きも)ち'는 '마음'을 뜻하고 'ばかり'는 '~만'을 뜻한다. 직역하면 '마음만'이라는 뜻이 되는데, 말그대로 '마음만 담긴 것' 즉, 대단한 것은 아니고 작은 성의의 선물이라는 의미이다.

단어

そんな[손나] 그런, 그러한　気(き)[키] 마음, 정신　遣(つか)わす[쯔까와스] 주다, 보내다

32 (해외로 떠나는 사람에게) 잘 가라고 할 때

잇 떼 랏 샤 이.

いってらっしゃい。

잘 다녀오세요.

관련 표현

료 꼬우, 타노 신 데 끼 떼 구다 사 이.

旅行(りょこう)、楽(たの)しんできてください。

즐거운 여행이 되세요.

도 우까 오 끼 오 츠 께 떼.

どうかお気(き)をつけて。

(여행 등 어디 갈 때) 부디 조심하세요.

PLUS 사 요- 나 라.

さようなら。

안녕히 가세요.

↳ 오랫동안 헤어질 때 나누는 인사이다.

Tip

'いってらっしゃい'(잘 다녀오세요.)는 흔히 집에서 가족 구성원이 외출할 때 쓰는 표현으로 알고 있다. 그런 상황에서도 쓰지만, 굳이 집이나 가족이 아니어도 가까운 사람이 어디 멀리 가거나 회사에서 출장 갈 때도 흔히 쓴다.

대화문 1

가이슈쯔 스 루 토끼 와,
A 外出(がいしゅつ)する時(とき)は、
도 우 까 오 카라다니 오 키 오 쯔 께 떼 구 다 사 이.
どうかお体(からだ)にお気(き)をつけてください。

오 키즈까이 아 리 가 또 오 고 자 이 마 스.
B お気遣(きづか)いありがとうございます。

잇 떼 랏 샤 이!
A いってらっしゃい！

하 이. 무 꼬 우 니 쯔 이 따 라, 뎅 와 시 마 스.
B はい。向(む)こうに着(つ)いたら、電話(でんわ)します。

A 밖에 나갈 때는 부디 건강을 주의하십시오.
B 신경 써 주셔서 감사합니다.
A 잘 다녀오세요!
B 네. 그곳에 도착하면 전화 드릴게요.

Tip

'気遣(きづか)い'는 '배려, 마음 씀'을 뜻한다. 고로 'お気遣(きづか)いありがとうございます'는 '신경 써 주셔서 감사합니다'라는 뜻으로 쓰인다. 공손한 표현이기 때문에 비즈니스 현장에서도 사용 가능하다.

단어

外出(がいしゅつ)[가이슈쯔] 외출　どうか[도우까] 부디　向(む)こう[무꼬우] 저쪽, 반대편, 행선지
着(つ)く[쯔꾸] 닿다, 도착하다　電話(でんわ)する[뎅와스루] 전화하다

잇 떼 랏 샤 이! 키 오 쯔 께 떼 네.
A いってらっしゃい！気(き)を付(つ)けてね。

와 따 시 노 코 또 앙 마 리 심 빠이 시 나 이 데 네.
B わたしのことあんまり心配(しんぱい)しないでね。

니 홍 니 쯔 이 따 라.
A 日本(にほん)に着(つ)いたら、

이에 니 뎅 와 스 루 노 와쓰 레 나 이 데 네.
家(いえ)に電話(でんわ)するの忘(わす)れないでね。

소 우 스 루.
B そうする。

오 또우상 모 오 까아상 모 키 오 쯔 께 떼 카엣 떼 네.
お父(とう)さんもお母(かあ)さんも気(き)を付(つ)けて帰(かえ)ってね。

A 잘 다녀오고! 안전에 주의해.
B 내 걱정 별로 하지 마시고.
A 일본에 도착하면 집에 전화하는 거 기억하고.
B 그럴게요. 아빠, 엄마 조심해서 돌아가세요.

Tip

'わたしのことあんまり心配(しんぱい)しないでね' (내 걱정 별로 하지 마시고) 이 구문에서 '~のこと'를 잘 살펴보자. 'こと'는 '것'이기 때문에 '~のこと'는 '~의 것'이라고 생각하기 쉽지만, '명사 + のこと'가 되면, 그냥 명사 그 자체만 지칭하고 'のこと'는 해석을 안 해도 무방하다. 즉, 본문처럼 'わたし'만 해석이 된다. 'あんまり'는 'あまり'와 똑같이 '별로, 그다지' 라는 뜻이다.

단어

付(つ)ける[쯔께루] (신경을 집중시켜) …하다　心配(しんぱい)[심빠이] 걱정, 근심, 염려
家(いえ)[이에] 집　お父(とう)さん[오또오상] 아빠　お母(かあ)さん[오까아상] 엄마

33 얼마나 자주 출장 가는지 물어볼 때

요 꾸 슛 쵸오 니 이 끼 마 스 까?

よく出張(しゅっちょう)に行(い)きますか。

자주 출장 가시나요?

관련 표현

후 단, 쯔끼니 난 까이 구 라 이

普段(ふだん)、月(つき)に何回(なんかい)くらい

슛 쵸오 니 이 끼 마 스 까?

出張(しゅっちょう)に行(い)きますか。

보통 한 달에 몇 번 출장 가시나요?

카이 가이 슛 쵸오 니 요 꾸 이 끼 마 스 까?

海外出張(かいがいしゅっちょう)によく行(い)きますか。

자주 해외출장 가시나요?

Tip

普段(ふだん)은 '평소에'라는 뜻이다. 이미 뜻에 조사 '에'가 포함되어 있으므로 普段(ふだん) 뒤에 조사 'に'를 붙이면 안된다.

대화문 1

숫 쵸오와 요 꾸이 끼 마 스 까?
A 出張(しゅっちょう)はよく行(い)きますか。

와 따 시 노 교오 무가 니 혼 또 칸 렌 시 떼 이 떼,
B わたしの業務(ぎょうむ)が日本(にほん)と関連(かんれん)していて、

요 꾸 슛 쵸우니 이 끼 마 스.
よく出張(しゅっちょう)に行(い)きます。

닷 따 라, 니 홍 고 모 킷 또 오 죠우즈 데 스 요 네.
A だったら、日本語(にほんご)もきっとお上手(じょうず)ですよね。

넷 싱 니 도 료꾸시 떼 마 스.
B 熱心(ねっしん)に努力(どりょく)してます。

A 자주 출장 가시나요?
B 제 업무가 일본과 관련이 있어서 자주 출장가요.
A 그러면 일본어 분명 잘하시겠네요.
B 열심히 노력하고 있어요.

Tip

'関連(かんれん)する'는 '관련되다'라는 뜻인데, 'する'가 있기 때문에 '되다'가 아닌 '하다'로 착각해서 '관련되어 있다'는 표현을 쓰고 싶을 때, 사역형으로 만들어서 '関連(かんれん)されている'로 쓰기 쉬운데, '関連(かんれん)する' 자체가 '관련되다'는 뜻이기 때문에 그대로 진행형을 쓰면 '관련되어 있다'는 뜻이 된다.

단어

出張(しゅっちょう)[슛쵸오] 출장 業務(ぎょうむ)[교오무] 업무 だったら[닷따라] 그러면 熱心(ねっしん)に[넷싱니] 열심히 努力(どりょく)する[도료꾸스루] 노력하다

대화문 2

슛쬬오와 요꾸 이 끼 마 스 까?
しゅっちょう　い

A 出張はよく行きますか。

타 마 니 니 혼 니 슛쬬오 이 끼 마 스.
に ほん　しゅっちょう い

B たまに日本に出張行きます。

쟈 아, 이마마데 니 혼 노 도 꼬 니 이 끼 마 시 따 까?
いま　に ほん　い

A じゃあ、今まで日本のどこに行きましたか。

토오꾜오, 후꾸오까, 오오사까 나 도 데 스.
とう きょう　ふく おか　おお さか

B 東京、福岡、大阪などです。

A 자주 출장 가시나요?
B 때때로 일본 출장가요.
A 그러면 지금까지 일본의 어디를 가보셨어요?
B 도쿄, 후쿠오카, 오사카 등이요.

단어

よく[요꾸] 곧잘, 자주　たまに[타마니] 가끔, 때때로　まで[마데] 까지　福岡(ふくおか)[후꾸오까] 후쿠오카　大阪(おおさか)[오오사까] 오사카　など[나도] 따위, 등(예시하는 데 쓰는 말)

34 배웅할 때

오 끼오 츠 께 떼 오 까에리구다 사이.

き つ かえ

お気を付けてお帰りください。

조심히 가세요.

관련 표현

키 오 츠 께 떼 카엣 떼 네.

き つ かえ

気を付けて帰ってね。

조심히 잘 가.

카에리미찌니 키 오 츠 께 떼 구다 사 이.

かえ みち き つ

帰り道に気を付けてください。

가는 길 조심하시고요.

Tip

'帰り道'는 '(집에) 돌아가는 길'이다. '帰る'는 '돌아가다'는 의미지만, 더 구체적으로 하면 집에 돌아간다는 의미로 쓰인다. 꼭 집이어야 하는 것은 아니고, 자기 본국에 돌아갈 때도 자주 쓰는 표현이다. 어쨌든 '帰る'는 자신의 집이나 본국에 돌아간다는 의미를 내포한다.

대화문 1

오 마네끼 이 따 다 끼 아 리 가 또 오 고 자 이 마 스.
A お招(まね)きいただきありがとうございます。

마 따 콘 도 아소비 니 키 떼 구 다 사 이.
B また今度(こんど)遊(あそ)びに来(き)てください。

사무이 노 데, 오 미 오꾸리 나 사 라 나 이 데 구 다 사 이.
A 寒(さむ)いので、お見送(みおく)りなさらないでください。

소 레 데 와, 오 키 오 츠 께 떼 오 까에리 구 다 사 이.
B それでは、お気(き)をつけてお帰(かえ)りください。

A 초대해주셔서 감사합니다!
B 다음에 또 놀러 오세요.
A 추우니까 배웅 안 하셔도 돼요.
B 그럼 조심히 가세요.

Tip

'お見送(みおく)りなさらないでください'(배웅 안 하셔도 돼요.)에서 'なさらない'는 'する'(하다)의 높임말인 'なさる'(하시다)에 부정형 'ない'가 결합된 표현이다. 거기다 '~하지 말아주세요'라는 표현을 쓰기 위해서는 그 'ない'형 뒤에 '~でください'를 붙이면 된다. 고로 '~なさらないでください'는 '~하지 말아주세요'가 된다.

단어

招(まね)き[마네끼] 초대, 초청 遊(あそ)び[아소비] 노는 일, 놀이 寒(さむ)い[사무이] 춥다
見送(みおく)る[미오꾸루] 배웅하다, (일정 등을) 연기하다

대화문 ❷

오 끼 오 츠 께 떼 오 까에리 구 다 사 이.
A お気(き)をつけてお帰(かえ)りください。

츠기 와 와 따 시 노 이에 니 오 마네끼 시 따 이 데 스.
B 次(つぎ)はわたしの家(いえ)にお招(まね)きしたいです。

이 이 데 스 네. 소 노 히 가 마 찌 도오시 이 데 스.
A いいですね。その日(ひ)が待(ま)ち遠(どお)しいです。

소 노 토끼 와 와 따 시 가 라 - 멘 고 찌 소 오 시 마 스.
B その時(とき)はわたしがラーメンごちそうします。

A 조심히 가세요.
B 다음은 저희 집으로 초대하고 싶어요.
A 좋아요, 그날이 기대되네요.
B 그때는 제가 라멘 대접할게요.

PLUS

사 요 오 나 라, 요 꾸 이 라 시 떼 구 다 사 이 마 시 따.
さようなら、よくいらしてくださいました。
안녕히 가세요. 잘 와 주셨습니다.

↳ いらっしゃって는 흔히 줄여서 いらして로 표현한다.

단어

帰(かえ)り[까에리] 돌아옴, 돌아감　日(ひ)[히] 날　待(ま)ち遠(どお)しい[마찌도오시이] 기대되다
その時(とき)[소노토끼] 그때　ラーメン[라아멘] 라멘

35 왜 이렇게 늦게 왔는지 물어볼 때

도 우 시 떼 콘 나 니 오꾸 레 딴 데 스 까?

どうしてこんなに遅(おく)れたんですか。

왜 이렇게 늦게 왔어요?

관련 표현

난 데 마 따 테에 지 데 타이 낑 시 나 인 데 스 까?

何(なん)でまた定時(ていじ)で退勤(たいきん)しないんですか。

왜 또 정시에 퇴근을 하지 않나요?

이마, 난 지 까 와 깟 떼 이 마 스 까?

今(いま)、何時(なんじ)か分(わ)かっていますか。

마 다 카엣 떼 키 마 셍 네!

まだ帰(かえ)って来(き)ませんね!

지금 몇 시인지 알아요? 아직 돌아오지 않는군요!

Tip

'定時(ていじ)'는 '정시'를 뜻하는 말인데, 우리나라에서는 '정시에 퇴근하다' 처럼 뒤에 조사 '에'를 붙인다. 그러나 일본어로 표현할 때는 뜻은 우리와 같지만 조사 'に'가 아닌 조사 'で'를 써야 하는 점 주의하자.

대화문 1

도 우 시 떼 콘 나 니 오꾸레 딴 데 스 까?
おく
A どうしてこんなに遅れたんですか。

오레모 하야꾸 카에리 타 캇 따 케 도, 잔 교우가 앗 떼.
おれ はや かえ ざんぎょう
B 俺も早く帰りたかったけど、残業があって。

마 따 잔 교우나 노?
ざんぎょう
A また残業なの?

코 레 모 젠 부 카 조꾸노 다 메 난 다 요!
ぜん ぶ か ぞく
B これも全部家族のためなんだよ!

A 왜 이렇게 늦게 왔어요?
B 나도 빨리 집에 오고 싶었는데, 야근이 있어서.
A 또 야근이야?
B 이것도 다 우리 가족을 위한 거잖아!

Tip

‘俺(おれ)’는 ‘나’를 뜻하는 어휘인데, 남자만 사용할 수 있다. 남자라도 아무 때나 사용할 수 있는 것은 아니며, 처음 보는 사람이나 자기보다 지위가 높은 사람에게 사용하면 상당히 무례하게 비춰질 수 있다. 이 표현은 주로 친구, 애인이나 자기보다 아랫사람, 예컨대 후배 앞에서 자주 쓸 수 있는 표현이다.

‘遅(おく)れる’는 ‘늦다, 늦어지다’라는 표현인데, 실생활에서는 뒤에 ‘왔다’라는 표현 없이 ‘遅(おく)れる’만 써도 ‘늦게 왔다’라는 뜻으로 쓰인다.

단어

遅(おく)れる[오꾸레루] 늦다, 늦어지다 残業(ざんぎょう)[잔교우] 야근 ~のためだ[노다메다] ~을 위해서다

대화문 2

난 데 마 따 콘 나 니 오꾸레 따 노?
A 何(なん)でまたこんなに遅(おく)れたの？

카이 샤 데 가이쇼꾸가 아 룻 떼 잇 떼 나 깟 땃 께?
B 会社(かいしゃ)で会食(かいしょく)があるって言(い)ってなかったっけ？

쿄우 모 가이쇼꾸, 아시따 모 가이쇼꾸, 가이쇼꾸 바 까 리 쟝!
A 今日(きょう)も会食(かいしょく)、明日(あした)も会食(かいしょく)、会食(かいしょく)ばかりじゃん！

가이쇼꾸모 카이샤 노 교오 무 노 히 또 츠 다 요.
B 会食(かいしょく)も会社(かいしゃ)の業務(ぎょうむ)のひとつだよ。

A 왜 또 이렇게 늦게 왔어요?
B 회사에서 회식이 있다고 말하지 않았어?
A 오늘도 회식, 내일도 회식, 온통 회식이잖아!
B 회사 회식도 업무의 하나잖아.

Tip

본문에 쓰인 '会社(かいしゃ)で会食(かいしょく)があるって言(い)ってなかったっけ'(회사에서 회식이 있다고 말하지 않았어?) 이 문장에서 '~たっけ' 이 부분은 유의해서 볼 필요가 있다. '~たっけ'는 확실치 않은 것에 대해서 상대방에게 물어보고 확인할 때 쓰는 표현이다. 일반 た형에 'っけ'를 붙이면 된다.

단어

また[마따] 또, 다시　会食(かいしょく)[가이쇼꾸] 회식　言(い)う[이우] 말하다　明日(あした)[아시따] 내일
業務(ぎょうむ)[교오무] 업무

서비스

서비스에서는 일상생활 중 접하게 되는 병원, 가게, 식당 등에서 서비스 관련하여 쓸 수 있는 표현을 정리했습니다.

36 어떻게 병을 주의해야 하는지 물을 때

센 세에, 와 따 시 가 카엣 떼 까 라 나니오 츄우 이

せんせい　かえ　なに　ちゅうい

先生、わたしが帰ってから何を注意

시 나 께 레 바 나 라 나 이 데 쇼 오 까?

しなければならないでしょうか。

의사 선생님, 제가 돌아가고 난 후에 무엇을 주의해야 할까요?

관련 표현

센 세에, 와 따 시 노 뵤오 끼 와 싱 꼬꾸 데 스 까?

せんせい　びょうき　しんこく

先生、わたしの病気は深刻ですか。

의사 선생님, 제 병이 심각한가요?

센 세에, 쇼꾸 지 와 나니오 츄우 이 스 레 바

せんせい　しょくじ　なに　ちゅうい

先生、食事は何を注意すれば

이 이 데 스 까?

いいですか。

의사 선생님, 음식에 있어서 무엇을 주의하면 되나요?

Tip

우리나라에서는 '의사 선생님'이라고 호칭하는 경우가 있지만, 일본에서 의사를 마주한 상황에서는 보통 그냥 '先生(せんせい)' '선생님'이라고 부르는 경우가 많다.

센 세에, 나니오 츄우 이스 레 바 이 이 데 스 까?
せんせい なに ちゅうい
A 先生、何を注意すればいいですか。

쿠스리오챠 또 노 무 코 토 또,
くすり の
B 薬をちゃんと飲むことと、

미즈오 타 꾸 상 논 데 구 다 사 이.
みず の
水をたくさん飲んでください。

사 께 나 께 레 바 이 께 나 이 모 놋 떼 아 리 마 스 까?
さ
A 避けなければいけないものってありますか。

카라 이 모 노 또아부랏 꼬 이 모 노 와 타 쇼오히까에 떼
から あぶら た しょうひか
B 辛いものと油っこいものは多少控えて

구 다 사 이 네.
くださいね。

A 의사 선생님, 무엇을 주의해야 할까요?
B 약 제대로 먹고, 물 많이 마시세요.
A 피해야 할 것이 있나요?
B 매운 것이랑 기름진 거 삼가 주세요.

대화문 1

Tip

본문에 나온 '避(さ)けなければいけないものってありますか' (피해야 할 것이 있나요?)에서 'って'는 여러 용법으로 쓰이지만 여기에서는 '~(이)란 (것이)'의 의미로 쓰인다. '避(さ)けなければいけないものって'까지가 '피하지 않으면 안 되는 것이'고, 'ありますか'는 '있습니까?'이다.

단어

注意(ちゅうい)する[츄우이스루] 주의하다 薬(くすり)[쿠스리] 약 たくさん[타꾸상] 많이 避(さ)ける[사께루] 피하다 辛(から)い[카라이] 맵다 油(あぶら)っこい[아부랏꼬이] 기름지다 控(ひか)える[히까에루] 삼가다

대화문 2

센 세에, 나니오 츄우 이 시 나 께 레 바 이 께 나 인 데 스 까?
せんせい なに ちゅう い
A 先生、何を注意しなければいけないんですか。

킹 엔 가 히쯔요우데 스.
きん えん ひつ よう
B 禁煙が必要です。

미즈까라킹 단 쇼우죠우 오 노 리 꼬 에 라 레 루 까 와 까 리 마 셍.
みずか きんだんしょうじょう の こ
A 自ら禁断症状を乗り越えられるかわかりません。

카나라즈 킹 엔 시 떼 구 다 사 이!
かなら きん えん
B 必ず禁煙してください！

A 의사 선생님, 무엇을 주의해야 할까요?
B 금연이 필요해요.
A 제가 스스로 금단현상을 이겨낼 수 있을지 모르겠네요.
B 반드시 금연해야 돼요!

Tip

'乗り越えられる(の こ)'는 직역하면 '이겨낼 수 있다'는 의미이다. 가능형 문구이다. 기본형은 '乗り越える(の こ)'(이겨내다)인데, 동사의 끝이 'る'로 끝나고 'る' 앞에 온 글자가 い단이나 え단이 오는 경우, 그 글자를 지우고 'られる'를 붙이면 가능형이 된다.

단어

禁煙(きんえん)[킹엔] 금연 必要だ(ひつよう)[히쯔요우다] 필요하다 自ら(みずか)[미즈까라] 스스로
禁断症状(きんだんしょうじょう)[킹단쇼우죠우] 금단증상 乗り越える(の こ)[노리꼬에루] 극복하다, 이겨내다

37 흥정을 할 때

모 우 스꼬시 야스꾸 시 떼 모 라 에 마 스 까?

すこ　やす

もう少し安くしてもらえますか。

더 깎아 줄 수 있나요?

관련 표현

모 오 스꼬시 오 네 사 게 카 노우 데 스 까?

すこ　ね さ　かのう

もう少しお値下げ可能ですか。

좀 더 할인 가능할까요?

춋 토 타까 이 데 스 네.

たか

ちょっと高いですね。

센 엔 와 다 메 데 스 까?

せん えん

千円はだめですか。

좀 비싸네요. 천엔은 안 될까요?

Tip

일본어로 '비싸다'는 '高(たか)い', '(값이) 싸다'는 '安(やす)い'이다.
그래서 보통 '값을 깎아 달라'고 할 때는 '安(やす)い'를 '安(やす)くして'로 만들어서 '싸게 해달라'는 형태로 만들어야 한다.
'値下(ねさ)げ'는 '가격 인하'인데, 'お値下(ねさ)げ'를 부탁한다고 하면 '가격 인하'를 부탁한다는 말이 되므로, 한마디로 깎아 달라는 표현이 된다.

대화문 1

고 노 후꾸 이 꾸 라 데 스 까?
ふく
A この服いくらですか。

이찌마이 센 니햐꾸엔 데 스.
いち まい えん
B 一枚 1200円です。

모 오 스꼬시 야스꾸 시 떼 모 라 에 마 스 까?
すこ やす
A もう少し安くしてもらえますか。

이마 와 프 로 모 - 숑 키 깡 데 스 까 라,
いま き かん
B 今はプロモーション期間ですから、

쥿파아센또와리비끼데스.
パーセント わり びき
10%割引です。

A 이 옷 얼마예요?
B 한 벌에 1200엔입니다.
A 좀 더 깎아 줄 수 있나요?
B 지금은 판촉 기간이라서 10% 할인이에요.

Tip

옷의 수량을 셀 때 단위는 보통 枚(まい)를 쓴다. 枚(まい)는 '장'을 뜻하는데, '옷' 이외에도 종이 등을 셀 때 쓰인다.
가격을 물을 때 '얼마예요?'라고 표현하고 싶을 때는 'いくらですか。'라고 물어보면 된다.

단어

服(ふく)[후꾸] 옷 もう少し(すこ)[모오스꼬시] 조금 더 プロモーション期間(きかん)[프로모-숑키깡] 판촉 기간 割引(わりびき)[와리비끼] 할인

대화문 ❷

코 노 스 - 쯔 이 꾸 라 데 스 까?

A このスーツいくらですか。

이찌망고셍 엥 데 스.

B 15000円(えん)です。

모 우 촛 또 오 네 사 게 카 노우데 스 까?

A もうちょっとお値下(ねさ)げ可能(かのう)ですか。

소 레 와 무즈까시이 데 스.

B それは難(むずか)しいです。

이마. 톳 까 데 한 바이시 떼 이 루 노 데.

今(いま)、特価(とっか)で販売(はんばい)しているので。

A 이 슈트 얼마예요?

B 15000엔입니다.

A 좀 더 깎아 주시는 건 가능할까요?

B 그건 어려워요. 지금 특가로 판매하고 있어서요.

Tip

'~ので'는 '~이기 때문에'로 많이 쓰이지만, 문장 끝에 오면 '~해서요, ~라서요, ~하고 있어서요' 등으로 쓰일 수 있다.

단어

スーツ[스-쯔] 슈트 難(むずか)しい[무즈까시이] 어렵다 特価(とっか)[톳까] 특가
販売(はんばい)[한바이] 판매

38 잔돈으로 바꿔달라고 할 때

고 제니 오 료오가에 데 끼 마 스 까?
こぜに りょうがえ
小銭を両替できますか。

잔돈을 바꿔줄 수 있나요?

관련 표현

고 레 고 제니 니 료오가에 데 끼 마 스 까?
こぜに りょうがえ
これ小銭に両替できますか。
이걸 잔돈으로 바꿔줄 수 있나요?

다레 까 이찌 망 웡 사쯔 오 고 제니 니 료오가에
だれ いちまん さつ こぜに りょうがえ
誰か一万ウォン札を小銭に両替
시 떼 쿠 레 마 셍 까?
してくれませんか。
누가 만원 지폐를 잔돈으로 바꿔줄 수 있나요?

Tip

일반적으로 우리가 물건을 살 때 돈을 지불해서 차액을 받는 잔돈을 의미하는 단어는 'おつり'이다. '小銭(こぜに)'는 일반적으로 '잔돈'이라는 의미를 포함하고는 있지만, '작은 돈, 동전'이라는 의미가 강하다.

고 레 고제니니 료우가에 데 끼 마 스 까?
こ ぜに りょうがえ
A これ小銭に両替できますか。

이 꾸 라 료우가에 시 마 스 까?
りょうがえ
B いくら両替しますか。

셍 엥 데 스.
せん えん
A 千円です。

고 햐꾸 엔 다마히또쯔 또 햐꾸 엔 다마이쯔쯔 니
ご ひゃくえん だま ひと ひゃくえん だま いつ
B 五百円玉一つと百円玉五つに

료우가에 이 따 시 마 스.
りょうがえ
両替いたします。

A 이걸 잔돈으로 바꿔줄 수 있나요?
B 얼마 바꾸시는데요?
A 천엔이요.
B 500엔짜리 동전 하나랑 100엔짜리 동전 5개로 환전해드릴게요.

Tip

본문 마지막 문장에 나온 'いたします'의 기본형은 'いたす'이다. 'いたす'는 자기보다 높은 사람에게 무언가를 해드릴 때 자기를 낮추어 부르는 'する'(하다)의 겸양어이다.

단어

小銭(こぜに)[고제니] 잔돈 両替(りょうがえ)[료우가에] 환전 五百円玉(ごひゃくえんだま)[고하꾸엔다마] 500엔 동전
百円玉(ひゃくえんだま)[햐꾸엔다마] 100엔 동전 五つ(いつ)[이쯔쯔] 5개

대화문 2

고레 고제니니 료우가에시떼 모라에마스까?
こ ぜに　りょうがえ
A これ小銭に両替してもらえますか。

모오시와께아리마셍가,
もう　わけ
B 申し訳ありませんが、

고찌라모 고제니가 고자이마셍.
こ ぜに
こちらも小銭がございません。

다이죠우부데스. 닷따라,
だいじょう ぶ
A 大丈夫です。だったら、

보꾸가 콘비니니 잇떼 료우가에시떼 키마스.
ぼく　い　りょうがえ
僕がコンビニに行って両替してきます。

하이. 모우시와께고자이마셍.
もう　わけ
B はい。申し訳ございません。

A 잔돈으로 바꿔줄 수 있나요?
B 죄송한데, 저희도 잔돈이 없어요.
A 괜찮아요, 그러면 제가 편의점 가서 바꿀게요.
B 네. 죄송합니다.

Tip

'こちらも小銭(こぜに)がございません。'(저희도 잔돈이 없어요) 이 문장에서 'ございません'은 'ないです, ありません'(없습니다)의 겸양어이다. 즉, 자기 보다 높은 사람에게 무언가 '없다'고 얘기할 때 쓸 수 있는 표현이다.

단어

大丈夫(だいじょうぶ)[다이죠우부] 괜찮음, 걱정 없음　だったら[닷따라] 그렇다면, 그러하다면

コンビニ[콘비니] 편의점

39 머리 스타일을 어떻게 해줄까 물을 때

도 오 이 우 카미가따 니 사 레 따 인 데 스 까?

どういう髪型(かみがた)にされたいんですか。

어떤 머리 스타일로 하고 싶으세요?

관련 표현

돈 나 헤 아 – 스 타 이 루 니

どんなヘアースタイルに

사 레 따 이 데 스 까?

されたいですか。

어떤 머리 스타일로 하고 싶나요?

도 우 이 우 스 따 이 루 니 파 – 마 오

どういうスタイルにパーマを

카 께 따 이 데 스 까?

かけたいですか。

어떤 머리 스타일로 파마를 하고 싶나요?

Tip

'파마를 하다'는 표현은 'パーマをする'라고 쓸 수도 있지만, 일반적인 숙어로는 'パーマをかける'를 쓴다. 머리 스타일은 '髪型(かみがた)'라고도 하고 'ヘアースタイル'라고도 한다.

대화문 1

도 오 이 우 카미가따니 사 레 따 인 데 스 까?

A どういう髪型(かみがた)にされたいんですか。

쇼 - 또 헤 아 니 시 따 이 데 스.

B ショートヘアにしたいです。

도 노 꾸 라 이 노 나가사 데 키 레 바 요 로 시 이 데 쇼 오 까?

A どのくらいの長(なが)さで切(き)ればよろしいでしょうか。

고 노 꾸 라 이 노 나가사 데 다이죠우 부 다 또 오모이 마 스.

B このくらいの長(なが)さで大丈夫(だいじょうぶ)だと思(おも)います。

A 어떤 머리 스타일로 하고 싶나요?
B 짧은 머리로 자르고 싶어요.
A 어느 정도 길이로 자르면 될까요?
B 이 정도 길이면 괜찮을 것 같아요.

Tip

'どのくらいの長(なが)さで切(き)ればよろしいでしょうか。' (어느 정도 길이로 자르면 될까요?) 이 문장에서 'よろしいでしょうか'는 자기보다 높은 사람에게 무언가를 물어보거나 부탁을 할 때 '괜찮을까요?'라는 의미로 쓰인다.

단어

髪型(かみがた)[카미가따] 머리 스타일 ショートヘア[쇼오또헤아] 짧은 머리 長(なが)さ[나가사] 길이 切(き)る[키루] 자르다

쿄우 와 돈 나 스 따 이 루 니 시 마 스 까?
きょう
A 今日はどんなスタイルにしますか。

이찌 방 하 얏 떼 이 루 스 따 이 루 니 시 따 이 데 스.
いちばん は や
B 一番流行っているスタイルにしたいです。

아 소 꼬 노 우에니 쇼오까이사 레 떼 아 루 이 꾸 츠 까 노
うえ しょうかい
A あそこの上に紹介されてあるいくつかの

슈 루이가 사이낑, 이찌 방 하 얏 떼 이 루 모 노 데 스.
しゅ るい さい きん いち ばん は や
種類が最近、一番流行っているものです。

보꾸와 고 레 니 시 따 이 데 스.
ぼく
B 僕はこれにしたいです。

A 오늘은 어떤 머리 스타일로 하고 싶나요?
B 가장 유행하는 스타일로 하고 싶어요.
A 저기 위에 소개되어 있는 몇 가지 종류가 요즘, 가장 유행하는 거예요.
B 저는 이걸로 하고 싶어요.

Tip

'~てある'와 '~ている'는 둘 다 현재 진행형이라는 점에서 공통점을 갖지만 전자는 '(인위적으로)~해져 있다'이고, 후자는 '~하고 있다'라는 뜻이다.

	덴 끼가 츠 께 떼아 루. でんき 電気がつけてある。 불이 켜져 있다.	하나가 사 이 떼 이 루. はな さ 花が咲いている。 꽃이 피어 있다.

예)

즉, 불은 누군가가 인위적으로 켠 것이고 꽃은 스스로 피는 것이기 때문에 '~てある'를 쓸 수가 없다.

단어

スタイル[스따이루] 스타일　一番(いちばん)[이찌방] 가장　流行る(はやる)[하야루] 유행하다
あそこ[아소꼬] 저기　いくつか[이꾸츠까] 몇 가지　種類(しゅるい)[슈루이] 종류

40 수리를 부탁할 때

와 따 시 노 파 소 콩 가 고 쇼오 시 마 시 따.
こ しょう
わたしのパソコンが故障しました。

슈우 리 오 네가 이 시 마 스.
しゅう り ねが
修理お願いします。

제 컴퓨터가 고장이 났어요. 수리 좀 해주세요.

관련 표현

와 따 시 노 케에따이 가 코와 레 딴 데 스 께 도,
けいたい こわ
わたしの携帯が壊れたんですけど、

슈우 리 시 떼 모 라 에 마 스 까?
しゅう り
修理してもらえますか。

제 핸드폰이 고장 났어요. 수리해주실 수 있을까요?

오 테 스우 데 스 가,
て すう
お手数ですが、

코 찌 라 마 데 오 꼬 시 이 따 다 께 마 스 까?
こ
こちらまでお越しいただけますか。

번거롭겠지만 이쪽으로 와주시겠습니까?

Tip

'こちら'와 'こっち'는 똑같이 '이쪽'이라는 뜻이지만 정중하게 표현할 때는 'こちら'를 사용해야 한다.

와 따 시 노 노- 또 파 소 콩 가 고 쇼우시 딴 데 스 께 도.
こしょう
A わたしのノートパソコンが故障したんですけど、

슈우 리 오 오 네가 이 시 마 스.
しゅうり ねが
修理をお願いします。

쫏 또 키 끼 노 카쿠 닝 오 시 떼 미 마 스.
きき かくにん
B ちょっと機器の確認をしてみます。

나니가 몬 다이 난 데 쇼 오 까?
なに もんだい
A 何が問題なんでしょうか。

나까노 하 - 도 웨 아 가 코 쇼우시 떼 마 스 네.
なか こしょう
B 中のハードウェアが故障してますね。

A 제 노트북이 고장 났는데, 수리 좀 부탁드립니다.
B 제가 좀 볼게요.
A 무엇이 문제예요?
B 안의 하드웨어가 고장 났어요.

대화문 1

단어

ノートパソコン[노오또파소콩] 노트북　故障(こしょう)する[코쇼우스루] 고장나다
修理(しゅうり)[슈우리] 수리　機器(きき)[키끼] 기기　ハードウェア[하아도웨아] 하드웨어

대화문 2

모 시 모 시. 간 리 시쯔데 스 까? 와 따 시 와 고 노 만 숀 노 니마루로꾸고우시쯔니슨 데 이 루 쥬우 닌 난 데 스 가.

A もしもし。管理室(かんりしつ)ですか。わたしはこのマンションの206号室(ごうしつ)に住(す)んでいる住人(じゅうにん)なんですが。

곤 니 찌 와! 이 까 가 나 사 이 마 시 따 까?

B こんにちは！いかがなさいましたか。

타떼모노 노 에 레 베 – 따 – 가 고와 레 떼 마 스.

A 建物(たてもの)のエレベーターが壊(こわ)れてます。

아, 고 찌 라 까 라 타다찌 니 나오시 니 이 까 세 마 스.

B あ、こちらから直(ただ)ちに直(なお)しに行(い)かせます。

A 여보세요? 관리 사무소죠? 저는 이 맨션 206호 사는 입주민인데요.
B 안녕하세요! 무슨 일이죠?
A 건물 엘리베이터가 고장이 났어요.
B 아, 여기서 바로 고치러 가게 할게요.

Tip

'いかがなさいましたか'는 '무슨 일이죠?'라고 물어보는 겸양어이다. 숙어로 외워두자.
'直(なお)しに行(い)かせます。'이 문장은 '고치러 가게 하겠습니다'는 뜻을 지닌 문장인데, 'ます형 + ~に + 동사' (~하러 ~하다)형태를 띄는 표현이다. 直(なお)す의 ます형인 '直(なお)し'에 'に'를 붙이고 '가게 하다'를 뜻하는 '行(い)かせる'의 존댓말 표현인 '行(い)かせます'를 붙이면 '直(なお)しに行(い)かせます。'가 완성된다.

단어

管理室(かんりしつ)[칸리시쯔] 관리실　住人(じゅうにん)[쥬우닌] 입주민　建物(たてもの)[타떼모노] 건물　エレベーター[에레베에따아] 엘리베이터　直(ただ)ちに[타다찌니] 곧바로　直(なお)す[나오스] 고치다

41 받은 돈이 틀리다고 할 때

오 쯔 리가 치가이 마 스.
おつりが違(ちが)います。
거슬러준 돈이 맞지가 않아요.

관련 표현

오 쯔 리가 타 리 나 이 데 스.
おつりが足(た)りないです。
잔돈 액수가 모자라요.

오 쯔 리 가 치갓 떼 이 루 요 오 데 스 가.
おつりが 違(ちが)っているようですが。
거스름돈이 틀린 것 같은데요.

캉가 에 루 지 깡 오 구 다 사 이.
考(かんが)える時間(じかん)をください。
생각할 시간을 주세요.

Tip

'おつり'는 '거슬러 받은(혹은 주는) 잔돈'이다.

대화문 1

비 - 루 산 본 또소후 또 도링 크 후따 쯔 데 고우께에
ぼん ふた ごう けい
A ビール3本とソフトドリンク二つで合計

센핫 빠꾸 엔 데 스.
えん
1800円です。

니 셍 엥 데 스.
に せん えん
B 二千円です。

니 셍 엥 오 아즈까 리 이 따 시 마 스.
に せん えん あず
A 二千円お預かりいたします。

니 햐꾸 엔 노 오 까에시 데 스.
に ひゃく えん かえ
二百円のお返しです。

오 쯔 리 가 치가이 마 스 요. 고 쥬 엔 타 리 마 셍.
ちが ご じゅう えん た
B おつりが違いますよ。五十円足りません。

A 맥주 3병, 음료수 2병, 총 1800엔입니다.
B 2000엔 드릴게요.
A 2000엔 받았습니다. 200엔 거슬러 드릴게요.
B 거슬러주신 것이 맞지 않아요. 50엔 부족해요.

Tip

'二千円お預かりいたします。二百円のお返しです。' (2000엔 받았습니다. 200엔 거슬러 드릴게요.) 이 문장은 일본 음식점 등에서 자주 들을 수 있는 문구이다. 점원이 손님으로부터 돈을 받으면, '(액수) お預かりいたします。' 라고 하고, 돈을 거슬러 줄 때는 '(액수) のお返しです。' 라고 한다.

단어

ビール[비-루] 맥주 ソフトドリンク[소후또도링크] 음료 足りる[타리루] 족하다
足りない[타리나이] 부족하다

대화문 2

소 후 또 도 링 크 히또쯔 산뱌꾸 엔 데,

A ソフトドリンク一(ひと)つ300円(えん)で、

소 - 세 - 지 히또쯔 니햐꾸고쥬우엔데, 고우께에고햐꾸고쥬우엔데스.

ソーセージ一(ひと)つ250円(えん)で、合計(ごうけい)550円(えん)です。

카 - 도 츠까 에 마 스 까?

B カード使(つか)えますか。

고 리 요오니 나 레 마 스.

A ご利用(りよう)になれます。

코 레 크 레 짓 또카 - 도 또 카이 잉 카 - 도 데 스.

B これクレジットカードと会員(かいいん)カードです。

A 음료수 하나 300엔, 소시지 1개에 250엔 해서 총 550엔입니다.
B 카드 쓸 수 있나요?
A 가능합니다.
B 이거 신용 카드랑 회원 카드예요.

Tip

'ご利用(りよう)になれます'는 단순히 '가능합니다'라는 뜻을 전달하는 것을 넘어서 상당히 공손한 표현이다. 본문 상황처럼 주로 음식점이나 비즈니스 현장에서 손님 등에게 '가능하다'고 할 때 쓰이는 표현이다.

'음료수'를 직역한 '飲料水(いんりょうすい)'는 '식용수'를 지칭한다. 일반적으로 콜라나 주스 등을 지칭하는 음료수는 'ソフトドリンク' 라고 한다.

단어

ソーセージ[소-세-지] 소시지　使(つか)える[츠까에루] 쓸 수 있다
クレジットカード[크레짓또카-도] 신용 카드　会員(かいいん)[카이잉] 회원

42 주문을 할 때

스 미 마 셍, 츄우 몽 시 마 스.

ちゅうもん

すみません、注文します。

저기요, 여기 주문이요.

관련 표현

스 미 마 셍, 고 꼬 노 닝 끼 메 뉴 - 오

にんき

すみません、ここの人気メニューを

오 스 스 메 시 떼 구 다 사 이.

おすすめしてください。

저기요, 여기 인기 메뉴 추천해주세요.

고 꼬 데 이찌 방 닝 끼 노 아 루 메 뉴 - 와

いちばんにんき

ここで一番人気のあるメニューは

난 데 스 까?

なん

何ですか。

여기서 가장 인기가 있는 메뉴는 뭐예요?

Tip

본문에 나온 'おすすめ'와 '推薦(すいせん)'은 둘 다 '추천'이라는 뜻이다. 하지만 쓰임은 엄연히 다르다. 전자는 음식, 관광지 등 일상에서 비교적 가벼운 소재를 추천할 때 쓰는 표현이고, 후자는 학교에서 장학금이나 인재를 추천할 때 주로 쓰인다.

대화문 1

스 미 마 셍. 츄우 몽 시 마 스.
A すみません。注文(ちゅうもん)します。

하 이! 고 츄우 몽 와 오 끼 마 리 데 스 까?
B はい！ご注文(ちゅうもん)はお決(き)まりですか。

가 쯔 동 또 부따쇼오 가 야 끼 테에쇼꾸또 비 이 루 잇 뽕
A かつ丼(どん)と豚生姜焼(ぶたしょうがや)き定食(ていしょく)とビール一本(いっぽん)

오 네가이 시 마 스.
お願(ねが)いします。

가 시 꼬마 리마 시따. 쇼오쇼오오 마 찌 구다 사이 마 세.
B かしこまりました。少々(しょうしょう)お待(ま)ちくださいませ。

A 저기요, 여기 주문이요.
B 네! 주문하시겠습니까?
A 카츠동, 부따쇼가야끼 정식 그리고 맥주 한 병이요.
B 네. 잠시만 기다려주세요.

Tip

'かしこまりました'(네)와 '少々(しょうしょう)お待(ま)ちくださいませ'(잠시만 기다려주세요) 역시 일본에서 음식점이나 비즈니스 현장에서 많이 쓰이는 표현이다. 손님 등 상대방이 부탁을 하거나 말을 걸었을 때 그냥 'はい'라고 할 수 있지만, 'かしこまりました'는 그것보다 공손한 표현이다. '少々(しょうしょう)お待(ま)ちくださいませ'도 상대방에게 잠시만 기다려 달라고 할 때 쓸 수 있는 공손한 표현이다.

단어

注文(ちゅうもん)する[츄우몽스루] 주문하다　かつ丼(どん)[카쯔동] 카츠동
豚生姜焼(ぶたしょうがや)き定食(ていしょく)[부따쇼오가야끼테에쇼꾸] 부따쇼가야끼 정식

대화문 2

스 미 마 셍. 츄우몽 시 마 스.
A すみません。注文(ちゅうもん)します。

오 후따리 사마고 츄우 몽 와 오 끼 마 리 데 스 까?
B お二人様(ふたりさま)ご注文(ちゅうもん)はお決(き)まりですか。

고 꼬 데 이찌 방 닌 끼 노 아 루 메 뉴 - 와 난 데 스 까?
A ここで一番人気(いちばんにんき)のあるメニューは何(なん)ですか。

토우 뗑 데 와 텐 동 가 이찌 방 유우메에데 스.
B 当店(とうてん)では天丼(てんどん)が一番有名(いちばんゆうめい)です。

A 저기요. 여기 주문이요.
B 두 분 주문하시겠어요?
A 여기서 가장 인기 있는 메뉴가 뭐예요?
B 저희 가게에서는 텐동이 가장 유명합니다.

Tip

본문에 나온 '人気(にんき)のあるメニュー'(인기 있는 메뉴) 이 문구에서 조사 'の' 때문에 해석이 어색하게 될 수도 있다. 조사 'の'는 뜻이 '~의, ~의 것' 외에도 '~(이)가'로 쓰일 수 있다. 주로 '명사 + の + 술어' 이 패턴이 올 때는 조사 'の'가 통상적으로 알고 있는 '~의, ~의 것'으로 해석되지 않고, '~(이)가'로 쓰인다.

단어

二人(ふたり)[후따리] 두 사람 様(さま)[사마] (명사 등에 붙어서 존경, 공손을 나타냄)
当店(とうてん)[토우뗑] 이 가게 天丼(てんどん)[텐동] 텐동(튀김 덮밥)

43 요리가 나오지 않을 때

와 따 시따 찌 가 츄우 몽 시 따 료오 리 와
わたしたちが注文(ちゅうもん)した料理(りょうり)は
마 다 데 마 셍 까?
まだ出(で)ませんか。

저희가 주문한 요리는 아직 안 나오나요?

관련 표현

타논 다 료오 리 가 마 다 코 나 인 데 스 가.
頼(たの)んだ料理(りょうり)がまだ来(こ)ないんですが。
주문한 요리가 아직 안 오는데요.

와 따 시 따 찌 가 츄우 몽 시 따 료오 리 와
わたしたちが注文(ちゅうもん)した料理(りょうり)は
이 쯔 쿠 룬 데 스 까?
いつ来(く)るんですか。
저희가 주문한 요리가 언제 나오죠?

Tip

우리나라에서는 흔히 '주문한 음식이 나오다'라는 표현을 많이 사용하지만, 일본에서는 보통 '注文(ちゅうもん)した料理(りょうり)が来(く)る'(주문한 음식이 오다)라고 표현한다. '주문하다'라는 표현은 '注文(ちゅうもん)する' 이외에도 '頼(たの)む'(부탁하다)를 쓸 수 있다.

대화문 1

타논 다료오 리 가 마 다 코나 인 데 스 가.
たの りょう り こ
A 頼んだ料理がまだ来ないんですが。

가꾸 닌 시떼 미 마 스. 고 찌 라 야 끼 소 바 데 스.
かくにん や
B 確認してみます。こちら、焼きそばです。

오 꼬노 미 야 끼 와 마 다 키 떼 이 마 셍.
この や き
A お好み焼きはまだ来ていません。

타 다 이마, 오 모 찌 이 따 시 마 스.
いま も
B ただ今、お持ちいたします。

A 주문한 요리가 아직 안 왔는데요.
B 확인해볼게요. 여기 야키소바 나왔습니다.
A 오코노미야키는 아직 안 나왔어요.
B 지금 바로 드리겠습니다.

Tip

'ただ今(いま)'는 흔히 일상회화에서 '잘 다녀왔습니다'로 쓰인다고 알려져 있다. 그런 용법으로도 많이 쓰이지만, '방금, 즉각'이란 뜻으로도 쓰이니 이 부분 유의하자.

단어

確認(かくにん)する[카쿠닌스루] 확인하다 焼(や)きそば[야끼소바] 야키소바(볶음우동)
お好(この)み焼(や)き[오꼬노미야끼] 오코노미야키(한국의 전과 비슷한 일본의 대중음식)

대화문 ❷

와 따 시 따 찌 가 타논 다 료오 리 와 이 쯔 고로 키 마 스 까?

A わたしたちが頼(たの)んだ料理(りょうり)はいつごろ来(き)ますか。

모오시 와께아 리 마 셍. 타이 헹 오 마 따 세 이 따 시 마 시 따.

B 申(もう)し訳(わけ)ありません。大変(たいへん)お待(ま)たせいたしました。

나마 비 - 루 모 히또쯔 구다 사 이.

A 生(なま)ビールも一(ひと)つください。

카 시 코마 리 마 시 따. 스 구 니 오 모 찌 시 마 스.

B かしこまりました。すぐにお持(も)ちします。

고 찌 라, 츄우 몬 사 레 따 오 무 라 이 스 데 스.

こちら、注文(ちゅうもん)されたオムライスです。

A 우리가 주문한 요리 언제쯤 나오나요?
B 죄송합니다. 오래 기다리게 했네요.
A 생맥주도 한 잔 주세요.
B 네. 바로 드리겠습니다. 여기 주문하신 오무라이스입니다.

Tip

'大変(たいへん)お待(ま)たせいたしました'는 표현은 직역하면 '대단히 기다리게 했습니다' 정도로 해석할 수 있는데, 이는 실제로 오래 기다리게 해서 죄송한 상황에서 쓰기도 하지만, 그리 오래 기다리지 않았는데도 형식적으로 쓰이는 경우도 있다. 상당히 많이 쓰이는 표현이니 기억해두자.

단어

いつごろ[이쯔고로] 언제쯤 生(なま)ビール[나마비이루] 생맥주
オムライス[오무라이스] 오무라이스

44 자리를 치워달라고 할 때

고 꼬춋 또 카타즈 께 떼 구 다 사 이.

ここちょっと片(かた)づけてください。

정리 좀 해주세요.

관련 표현

테 - 부 르 오키레에 니 시떼

テーブルをきれいにして

이 타 다 께 마 스 까?

いただけますか。

식탁을 깨끗하게 해주실 수 있나요?

데 끼 루 다 께 시즈까 나 세끼오 오 네가 이 시 마 스.

できるだけ静(しず)かな席(せき)をお願(ねが)いします。

가능하면 조용한 자리로 부탁합니다.

Tip

'きれいにする'는 '깨끗하게 하다'라는 뜻이고, '片(かた)づける'는 '정리하다, 치우다'라는 뜻이다. 식탁을 정리해달라고 할 때 '片(かた)づけてください'(정리해 주세요)라고 할 수도 있겠지만, 살짝 어조가 차가워 보일 수가 있기 때문에 'きれいにしていただけますか。'(깨끗하게 해 주실 수 있나요?)처럼 부드럽게 말하는 것도 좋다.

대화문 1

스 미 마 셍.

A すみません。

고 노 테 - 부 르 춋 또 카따 즈 께 떼 구 다 사 이.

このテーブルちょっと片(かた)づけてください。

카 시 꼬마 리 마 시 따.

B かしこまりました。

니 메에사마. 고 츄우 몽 오 오 우까가이 시 마 스.

二名様(にめいさま)、ご注文(ちゅうもん)をお伺(うかが)いします。

오야 꼬 동 또 카 레 - 라 이 스 구 다 사 이.

A 親子丼(おやこどん)とカレーライスください。

하 이. 쇼우쇼우오 마 찌 구 다 사 이 마 세.

B はい。少々(しょうしょう)お待(ま)ちくださいませ。

A 저기요, 이 식탁 좀 정리해 주세요.
B 알겠습니다. 두 분, 주문을 듣겠습니다.
A 오야코동이랑 카레라이스 주세요.
B 네. 잠시만 기다려 주세요.

Tip

본문의 'ご注文(ちゅうもん)をお伺(うかが)いします'(어떤 요리 주문하시겠어요?)에서 '伺(うかが)う'는 두 가지 뜻이 있는데, 첫 번째는 '듣다, 묻다'의 겸양어이다. 일반적으로 누군가에게 무언가를 묻거나 듣는다는 어휘는 '聞(き)く'를 쓰는데, 자신을 낮추는 겸양어를 써야 하는 상황에서는 '伺(うかが)う'를 쓴다. 두 번째 뜻은 '방문하다'라는 뜻이다.

단어

テーブル[테에부르] 식탁 片(かた)づける[카따즈께루] 정리하다
親子丼(おやこどん)[오야꼬동] 오야코동 カレーライス[카레에라이스] 카레라이스

대화문 2

고 노 테 - 부 르 키 레 에 니 시 떼 이 따 다 께 마 스 까?
A このテーブルきれいにしていただけますか。

하 이. 난 메 에 사 마 데 쇼 우 까?
B はい。何名様(なんめいさま)でしょうか。

와 따 시 따 찌 와 산 닌 데, 아 또 데 모 우 히 또 리 키 마 스.
A わたしたちは三人(さんにん)で、後(あと)でもう一人(ひとり)来(き)ます。

소 레 데 와, 오 꾸 노 세 끼 노 호 우 에 고 안 나 이 이 따 시 마 스.
B それでは、奥(おく)の席(せき)の方(ほう)へご案内(あんない)いたします。

A 이 테이블 깨끗하게 해 주실래요?
B 네, 몇 분이시죠?
A 저희는 세 명이고, 좀 이따가 한 명 더 옵니다.
B 그럼 안쪽의 자리로 안내해 드릴게요.

Tip

'もう'는 보통 '이미, 벌써'로 알려져 있지만, 'もう + 수량, 사람 수' 등이 오고, 그 뒤에 '달라', '온다' 등의 표현이 오면, 'もう'는 '이미, 벌써'가 아닌 '더' 라는 의미로 쓰인다. 아래는 예시문이다.

모 우 히 또 쯔 구 다 사 이
예) もう一(ひと)つください。
한 개 더 주세요.

단어

名(めい)[메에] …명　それでは[소레데와] 그럼, 그렇다면　奥(おく)[오꾸] 끝, 깊숙한 곳
~の方(ほう)[노호우] ~쪽

45 서비스에 대해 불만 표시할 때

와 따 시 와 고 꼬 노 사 – 비 스 니 만 조꾸 데 끼 마 셍.

まん ぞく
わたしはここのサービスに満足できません。

저는 이곳의 서비스에 만족하지 못합니다.

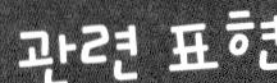

고 꼬 노 사 – 비 스 와 요 꾸 나 이.

よ
ここのサービスは良くない。

이곳의 서비스가 좋지 않아요.

고 꼬 와 료우 리 가 쿠 루 노 가 토 떼 모 오소 이 데 스.

りょうり く おそ
ここは料理が来るのがとても遅いです。

이곳 요리가 나오는 것이 너무 느려요.

PLUS

구 죠오 오 이 이 따 이 노 데 스 가.

く じょう い
苦情を言いたいのですが。

불만을 말하고 싶은데요.

대화문 1

히사시부리니고꼬데 코- 히- 오 노미 마스.
A 久(ひさ)しぶりにここでコーヒーを飲(の)みます。

와 따 시와 고꼬니 요꾸 키떼 마 시 따 요.
B わたしはここによく来(き)てましたよ。

데 모, 보꾸와 고 꼬노 사 - 비 스 와아 마 리
A でも、僕(ぼく)はここのサービスはあまり

요꾸나 이 또 오모이 마 스.
良(よ)くないと思(おも)います。

사 - 비 스 와 타시까 니 이 마 이 찌 데 스 네.
B サービスは確(たし)かにいまいちですね。

A 오랜만에 여기서 커피를 마셔요.
B 저는 여기 자주 왔어요.
A 근데 전 이곳의 서비스가 별로 좋지 않다고 생각해요.
B 서비스는 확실히 별로예요.

Tip

'よく'라는 표현은 조심해서 사용해야 된다. 'わたしはここによく来(き)てましたよ'(저는 여기 자주 왔어요.)에서 'よく'는 '자주'라는 의미로 쓰였다. 그러나 'あまり良(よ)くないと思(おも)います'(별로 좋지 않다고 생각해요.) 이 부분에서 '良(よ)くない'는 '좋지 않다'로 쓰인 것이다. 따라서 문맥을 잘 파악해서 뜻을 헷갈리지 않게 해야 된다.

단어

久(ひさ)しぶりに[히사시부리니] 오랜만에 サービス[사아비스] 서비스 確(たし)かに[타시까니] 확실히

요루니 가이쇼꾸 니 이 끼 마 쇼 우.

A 夜(よる)に外食(がいしょく)にいきましょう。

이 이 데 스 요. 스 구 토나리니 아 루 카이뗀 즈 시 와

B いいですよ。すぐ隣(となり)にある回転寿司(かいてんずし)は

도 우 데 스 까?

どうですか。

와 따 시 와 소 꼬 노 텐 잉 노 타이 도 가 와루꾸떼, 이야데 스.

A わたしはそこの店員(てんいん)の態度(たいど)が悪(わる)くて、嫌(いや)です。

쟈 아, 호까노 도 꼬 로 니 시 마 쇼 우.

B じゃあ、他(ほか)のところにしましょう。

A 저녁에 나가서 먹어요.
B 좋아요. 바로 옆에 있는 회전초밥 어때요?
A 저는 그곳 점원의 태도가 나빠서 싫어요.
B 그럼 다른 곳으로 가요.

단어

外食(がいしょく)[가이쇼꾸] 외식 すぐ隣(となり)[스구토나리] 바로 옆 回転寿司(かいてんずし)[카이뗀즈시] 회전초밥 店員(てんいん)[텐잉] 점원 態度(たいど)[타이도] 태도 嫌(いや)だ[이야다] 싫다 他(ほか)の[호까노] 다른

46 환불해달라고 할 때

하라 이 모도시 데 끼 마 스 까?

はら　もど
払い戻しできますか。

환불이 가능한가요?

관련 표현

헹 삔 데 끼 마 스 까?

へんぴん
返品できますか。

반품 가능한가요?

춋 또 치이사 인 데 스 가,

ちい
ちょっと小さいんですが、

못 또 오오끼 이 노 니 코오 깡 데 끼 마 스 까?

おお　こうかん
もっと大きいのに交換できますか。

좀 작은데, 더 큰 걸로 바꿀 수 있나요?

Tip

'환불하다'를 뜻하는 표현은 '払(はら)い戻(もど)す'이고, '반품하다'는 '返品(へんぴん)する' 그리고 상품을 '교환하다'는 '交換(こうかん)する'이다.

고 레 하라이 모도시 데 끼 마 스 까?
はら もど
A これ払い戻しできますか。

모오시 와께고 자 이 마 셍 가,
もう わけ
B 申し訳ございませんが、

리 유우오 오 우까가이 시 떼 모 요 로 시 이 데 쇼 우 까?
り ゆう うかが
理由をお伺いしてもよろしいでしょうか。

넷 또데 미 따 모 노 요 리 모 힝 시쯔가 요 꾸 아 리 마 셍.
み ひんしつ
A ネットで見たものよりも品質がよくありません。

와 까 리 마 시 따. 소 레 데 와,
わ
B 分かりました。それでは、

타다찌 니 하라 이 모도시 이 따 시 마 스.
ただ はら もど
直ちに払い戻しいたします。

A 이거 환불이 가능한가요?
B 죄송한데, 이유를 여쭤봐도 될까요?
A 인터넷에서 본 것보다도 품질이 좋지 않아요.
B 알겠습니다. 그럼 바로 환불 처리해드리겠습니다.

Tip

일본에서 '인터넷'이라는 용어는 'インターネット'라고 하지만, 줄여서 'ネット'라고 하기도 한다.

단어

はら もど 払い戻し[하라이모도시] 환불　り ゆう 理由[리유우] 이유　うかが 伺う[우까가우] 품의(稟議)하다, 물어보다　ネット[넷또] 인터넷　ひんしつ 品質[힝시쯔] 품질

대화문 2

스 미 마 셍. 코 레 헨 삥 데 끼 마 스 까?

A すみません。これ返品(へんぴん)できますか。

모오 시와께 아 리 마 셍 가, 고 노 요오후꾸와 세 - 루 쇼우 힝

B 申(もう)し訳(わけ)ありませんが、この洋服(ようふく)はセール商品(しょうひん)

나 노 데, 하라이 모도시 와 데 끼 카 네 마 스.

なので、払(はら)い戻(もど)しはできかねます。

야스꾸 떼 갓 딴 데 승 아, 스꼬시 치이사 이 데 스.

A 安(やす)くて買(か)ったんですが、少(すこ)し小(ちい)さいです。

히 죠오니 모오시 와께고 자 이 마 셍.

B 非常(ひじょう)に申(もう)し訳(わけ)ございません。

A 환불이 가능한가요?
B 죄송합니다. 이 옷은 할인제품이라 환불이 안 됩니다.
A 싸서 산 건데 좀 작아요.
B 정말 죄송합니다.

Tip

본문의 '払(はら)い戻(もど)しはできかねます'(환불이 안 됩니다.)에서 'できかねます'는 '할 수 있다'를 뜻하는 'できる'와 'かねます'가 결합된 형태이다. 'かねます'의 원형은 'かねる'인데 의미는 '(사정이 있어서) 그렇게 하기 어렵다'는 뜻이고 동사의 ます형과 결합된다.

단어

返品(へんぴん)[헨삥] 반품 洋服(ようふく)[요오후꾸] 양복, 옷 少(すこ)し[스꼬시] 조금
小(ちい)さい[치이사이] 작다 非常(ひじょう)に[히죠오니] 대단히

47 한 치수 작은 것이 있는지 물을 때

못　또 치이 사 이 노 와 아 리 마 스 까?

もっと小(ちい)さいのはありますか。

더 작은 것은 있나요?

관련 표현

치이 사 이 사 이 즈 와 아 리 마 스 까?

小(ちい)さいサイズはありますか。

작은 사이즈는 있나요?

츄우 캉 사 이 즈 와 아 리 마 스 까?

中間(ちゅうかん)サイズはありますか。

중간 사이즈는 있나요?

PLUS

못　또 오오 끼 이 노 와 아 리 마 스 까?

もっと大(おお)きいのはありますか。

더 큰 것은 있습니까?

사 이 즈 와 고 레 다 께 데 스 까?

サイズはこれだけですか。

사이즈는 이것뿐입니까?

대화문 1

완 사이즈 치이사 이노 아리마스 까?
A ワンサイズ小(ちい)さいのありますか。

소우꼬니 잇떼, 완 사이즈 치이사이 쿠쯔가
아루까 타시까메떼 키마스.
B 倉庫(そうこ)に行(い)って、ワンサイズ小(ちい)さい靴(くつ)があるか確(たし)かめて来(き)ます。

완 사이즈구라이 치이사이노가 앗따라
이인데스가.
A ワンサイズくらい小(ちい)さいのがあったらいいんですが。

쵸우도 오모또메노 사이즈가 히또쯔 고자이마스.
B ちょうどお求(もと)めのサイズが一(ひと)つございます。

A 한 치수 작은 것 있나요?
B 창고에 가서 한 치수 작은 신발이 있는지 확인하고 올게요.
A 한 치수 정도 작은 것이 있으면 좋겠는데.
B 원하시는 사이즈가 딱 한 켤레 있어요.

Tip

우리나라에서는 신발을 기본적으로 '265', '250' 등 mm 단위로 표기하지만, 일본에서는 '27.5', '28.0' 등 cm 단위로 표기하기 때문에 이 점 주의하자.

단어

ワンサイズ[완사이즈] 한 사이즈 小(ちい)さい[치이사이] 작다 倉庫(そうこ)[소우꼬] 창고 確(たし)かめる[타시카메루] 확인하다 求(もと)める[모또메루] 원하다 お求(もと)めの[오모또메노] 원하시는

완 사 이 즈 치이사 이 노 와 아 리 마 스 까?
ちい
A ワンサイズ小さいのはありますか。

모오 시와께 아 리 마 셍 가,
もう わけ
B 申し訳ありませんが、

오 모또메 노 사 이 즈 노 쇼우 힝 가 고 자 이 마 셍.
もと しょうひん
お求めのサイズの商品がございません。

쟈 아, 호까노 이로와 아 리 마 스 까?
ほか いろ
A じゃあ、他の色はありますか。

미즈이로노 가 고 자 이 마 스 가,
みず いろ
B 水色のがございますが、

소우 꼬 까 라 못 떼 키 떼 오 미 세 이 따 시 마 스.
そう こ も み
倉庫から持ってきてお見せいたします。

A 한 치수 작은 사이즈 있나요?
B 죄송해요, 한 치수 작은 사이즈가 없어요.
A 그러면 다른 색은 있나요?
B 하늘색 상품이 있는데, 창고에서 가져와서 보여 드릴게요.

Tip

'ございます'는 원형이 'ござる'인데, 이는 'ある'(있다)의 높임말이다.

단어

商品(しょうひん)[쇼우힝] 상품 他(ほか)[호까] 다른 것, 딴 것 水色(みずいろ)[미즈이로] 하늘색 見(み)せる[미세루] 보이다, 남에게 보도록 하다

48 얼마나 기다려야 하는지 물을 때

다이따이 도 레 꾸 라 이 카 까 리 마 스 까?
だい たい
大体どれくらいかかりますか。

대략 얼마나 기다려야 하죠?

관련 표현

도 노 꾸 라 이 마 따 나 께 레 바 이 께 마 셍 까?
ま
どのくらい待たなければいけませんか。
얼마나 기다려야 하죠?

아 또 도 노 꾸 라 이 마 떼 바 이 인 데 스 까?
ま
あとどのくらい待てばいいんですか。
앞으로 얼마나 기다리면 되는 거죠?

PLUS

도 노 쿠 라 이 마 찌 마 스 까?
ま
どのくらい待ちますか。
어느 정도 기다려야 합니까?

Tip

'どれくらい'와 'どのくらい' 사이의 의미에서 큰 차이는 없기 때문에 어느 것을 사용해도 지장은 없다.

소 로소 로 시 고또 오 와 룬 데 스 께 도.
A そろそろ仕事終(しごとお)わるんですけど、
고 노 비 루 노 시따 데 맛 떼 이 떼 구 다 사 이.
このビルの下(した)で待(ま)っていてください。

도 레 꾸라이 카 까 리 마 스 까?
B どれくらいかかりますか。

즛 뿐구 라 이 카 까 루 또 오모이 마 스.
A 十分(じゅっぷん)くらいかかると思(おも)います。

와 까 리 마 시 따.
B 分(わ)かりました。

A 제가 곧 퇴근하는데, 건물 아래에서 기다려주세요.
B 얼마나 기다리면 되죠?
A 10분 정도요.
B 알겠어요.

PLUS

마 다 다 이 부 지 깡 가 카 까 리 마 스 까?
まだだいぶ時間(じかん)がかかりますか。
아직 시간이 많이 걸립니까?

스꼬 시 이소 이 데 쿠 레 마 셍 까?
少(すこ)し急(いそ)いでくれませんか。
조금 서둘러 주겠어요?

단어

そろそろ[소로소로] 슬슬 終(お)わる[오와루] 끝나다 ビル[비루] 건물(빌딩)
下(した)[시따] 아래 待(ま)つ[마쯔] 기다리다

대화문 ❷

아 또도레꾸라이 마따나께레바이께마셍까?
A あとどれくらい待(ま)たなければいけませんか。

엣또, 산쥿뿐구라이 와카까루 또오모이마스.
B えっと、三十分(さんじゅっぷん)くらいはかかると思(おも)います。

하이. 쟈아, 윳꾸리 키떼구다사이.
A はい。じゃあ、ゆっくり来(き)てください。

와까리마시따. 오마따세시떼스미마셍.
B 分(わ)かりました。お待(ま)たせしてすみません。

A 제가 얼마나 기다려야 하죠?
B 음, 30분 정도가 필요하다고 생각됩니다.
A 네. 그럼 천천히 오세요.
B 알겠어요. 기다리게 해서 죄송해요.

Tip

'あとどれくらい'(앞으로 얼마나)에서 'あと'는 보통 흔히 '뒤, 뒷일' 정도로 알고 있지만, 'あと + 주로 시간 개념'으로 쓰이면 '앞으로 ~ ' 라는 용법으로 주로 쓰인다. 아래는 예시문이다.

아또니지깐데 시아이가 오와루.
예) あと2時間(にじかん)で試合(しあい)が終(お)わる。
앞으로 두 시간이면 시합이 끝난다.

단어

かかる[카까루] 걸리다　ゆっくり[윳꾸리] 천천히

49 가장 빠른 표를 물어볼 때

이찌 방 하야이 노 와 난 지 데 스 까?
いちばんはや　なんじ
一番早いのは何時ですか。
가장 빠른 것은 몇 시죠?

관련 표현

이찌 방 하야 꾸이 께 루 노 와 난 지 노 데 스 까?
いちばんはや　なんじ
一番早くいけるのは何時のですか。
가장 빠르게 갈 수 있는 것은 몇 시 건가요?

이찌 방 하야 이 렛 샤 와 난 지 니 슛 빠쯔 시 마 스 까?
いちばんはや　れっしゃ　なんじ　しゅっぱつ
一番早い列車は何時に出発しますか。
가장 빠른 기차는 몇 시에 출발하죠?

Tip

관련 표현에서 쓰인 '早い(はや)'와 '速い(はや)'는 동음이의어로, 히라가나 표기는 같지만 뜻은 엄연히 다르다. 전자는 '시간적으로 이르다(빠르다)'는 뜻이고, 후자는 '(동작, 속도 등) 물리적으로 빠르다'는 뜻이다.

이찌 방 하야이 렛 샤 와 난 데 스 까?
いちばんはや　れっしゃ
ex 一番早い列車はなんですか。
가장 빨리 출발하는 기차는 뭐예요?

이찌 방 하야이 렛 샤 와 난 데 스 까?
いちばんはや　れっしゃ
ex 一番速い列車はなんですか。
가장 (물리적으로) 빠른 기차는 뭐예요?

대화문 1

시즈오까니 이 꼬우또 시떼이 룬 데스 가, 아시따 노
A 静岡(しずおか)に行(い)こうとしているんですが、明日(あした)の

아사하찌 지 니 쥿 뿐 슛 빠쯔노 킷 뿌 이찌마이구다 사 이.
朝八時二十分出発(あさはちじにじゅっぷんしゅっぱつ)の切符(きっぷ)一枚(いちまい)ください。

이마, 하찌 지 니 쥿 뿐 노 킷 뿌 와 우 리 키 레 떼 오 리 마 스.
B 今(いま)、八時二十分(はちじにじゅっぷん)の切符(きっぷ)は売(う)り切(き)れております。

이찌방 하야이 노 와 난 지 데 스 까?
A 一番早(いちばんはや)いのは何時(なんじ)ですか。

이찌방 하야이 노 와 아시따 노 고 고 니 지 니 쥬우고 훙 니
B 一番早(いちばんはや)いのは明日(あした)の午後二時二十五分(ごごにじにじゅうごふん)に

슛 빠쯔스루 렛 샤 데 스.
出発(しゅっぱつ)する列車(れっしゃ)です。

A 시즈오카를 가려고 하는데, 내일 아침 8시 20분에 출발하는 표 한 장 주세요.
B 지금 8시 20분 표는 매진 됐어요.
A 가장 빠른 것이 몇 시죠?
B 가장 빠른 것은 내일 오후 2시 25분 출발하는 열차입니다.

Tip

'静岡(しずおか)に行(い)こうとしているんですが'(시즈오카를 가려고 하는데)에서 '行(い)こうとしている' 이 문법 표현을 유심히 봐야 한다. '~(お)うとする' (~하려고 하다)' 이 형태의 문법을 만들기 위해서는 1그룹 동사는 마지막 글자를 お단으로 만들고 뒤에 'うとする'를 붙이면 된다.

단어

静岡(しずおか)[시즈오까] 시즈오카　出発(しゅっぱつ)する[슛빠쯔스루] 출발하다　切符(きっぷ)[킷뿌] 표
売(う)り切(き)れる[우리키레루] 매진되다　列車(れっしゃ)[렛샤] 열차

나 고 야 유 끼 노 이찌 방 하야 이 렛 샤 와 난 지 데 스 까?
A 名古屋行(なごやゆ)きの一番早(いちばんはや)い列車(れっしゃ)は何時(なんじ)ですか。

고 고 요 지 항 데 스.
B 午後四時半(ごごよじはん)です

소 레 데 이 끼 마 스.
A それで行(い)きます。

하 이. 이찌마이 욘 셍 고 햐꾸 엔 데 스.
B はい。一枚四千五百円(いちまいよんせんごひゃくえん)です。

A 나고야로 가는 가장 빠른 기차는 몇 시죠?
B 오후 4시 30분입니다.
A 그걸로 갈게요.
B 네. 1장에 4500엔입니다.

Tip

기차역에서 간판에 특정 지명 뒤에 '~行(ゆ)き' 라고 붙어 있는 경우를 자주 볼 수 있는데, '~行(ゆ)き'는 우리말로 하면 '~행'이라는 뜻이다.

단어

~行(ゆ)き[유끼] ~행 半(はん)[항] 반 それで[소레데] 그걸로 行(い)く[이꾸] 딴 곳으로 움직여 가다

50 어디가 아프다고 할 때

키노 우 노 요루 까 라 아따마모이따이 시,
きのう よる あたま いた
昨日の夜から頭も痛いし、

네쯔 모 쫏 또 아 리 마 스.
ねつ
熱もちょっとあります。

어제 저녁부터 머리도 아팠고, 열도 좀 있습니다.

관련 표현

키노 우 까 라 하나미즈 모 데 떼, 세끼 가 토 마 리 마 셍.
きのう はなみず で せき と
昨日から鼻水も出て、咳が止まりません。
어제부터 콧물이 나오고, 기침을 합니다.

케 사 까 라 노 도 모 이따이 시, 세끼 모 데 마 스.
けさ いた せき で
今朝からのども痛いし、咳も出ます。
오늘 아침부터 목도 아프고, 또한 기침도 합니다.

Tip

우리말로 '목이 아프다'는 표현을 쓸 때는 두 가지 의미로 쓰일 수가 있는데, 기관지가 아프다는 것과 목의 근육 부위가 아프다는 것으로 나눌 수 있다. 실제로 일본어로 '목'을 지칭하는 단어는 두 가지가 있다. '首(くび)'와 'のど'인데, 전자는 외부에서 보이는 목이고, 후자는 기관지를 뜻한다.

대화문 1

도 우 시마 시 따?

A どうしました？

키노 우 노 요루까 라 아따마모이따이 시,
きのう よる あたま いた

B 昨日の夜から頭も痛いし、

네쯔 모 쫏 또아 리마 스.
ねつ

熱もちょっとあります。

쫏 또시따 카 제데 스 네.
かぜ

A ちょっとした風邪ですね。

타 다노 카 제 데 스 요 네? 닷 따 라,
かぜ

B ただの風邪ですよね？だったら、

츄우샤 와 아 마 리 시따 꾸아 리 마 셍.
ちゅうしゃ

注射はあまりしたくありません。

A 어디가 불편하죠?

B 어제 저녁부터 머리도 아프고, 열도 좀 납니다.

A 평범한 감기네요.

B 단순 감기죠? 그러면 주사는 별로 맞고 싶지 않아요.

Tip

'주사를 맞다'라는 표현은 일본에서 단순히 '注射(ちゅうしゃ)をする'라고 표현하기도 하지만, '注射(ちゅうしゃ)を打(う)つ'도 많이 쓰이니 꼭 외워두자.

단어

頭(あたま)[아따마] 머리 痛(いた)い[이따이] 아프다 熱(ねつ)[네쯔] 열 ちょっとした[쫏또시따] 평범한, 대수롭지 않은 風邪(かぜ)[카제] 감기 ただの[타다노] 단순한 注射(ちゅうしゃ)[츄우샤] 주사

대화문 ❷

키노우 노 요루까 라아따마모이따이 시.
A 昨日(きのう)の夜(よる)から頭(あたま)も痛(いた)いし、

네쯔모 춋 또아리마스.
熱(ねつ)もちょっとあります。

노도니 엔쇼우가데끼떼, 카제오 히까레떼마스네.
B のどに炎症(えんしょう)ができて、風邪(かぜ)を引(ひ)かれてますね。

히도이데스까?
A ひどいですか。

다이죠우부데스요.
B 大丈夫(だいじょうぶ)ですよ。

카제구스리또쇼우엔자이오 쇼호오이따시마스.
風邪薬(かぜぐすり)と消炎剤(しょうえんざい)を処方(しょほう)いたします。

A 어제 저녁부터 머리도 아프고, 열도 좀 납니다.
B 목구멍에 염증이 생겨서 감기가 걸렸네요.
A 심각한가요?
B 괜찮아요. 제가 감기약하고, 소염제를 처방해드릴게요.

Tip

일본어로 '걸리다'는 표현은 흔히 'かかる'를 쓴다. 그래서 '감기에 걸리다'는 표현도 직역을 하면 '風邪(かぜ)にかかる'라고 쓰기 쉬운데, '감기에 걸리다'는 무조건 '風邪(かぜ)を引(ひ)く'라고 써야 한다.

단어

炎症(えんしょう)[쿠찌오아께루] 염증 ひどい[히도이] 심하다 風邪薬(かぜぐすり)[카제구스리] 감기약
消炎剤(しょうえんざい)[쇼우엔자이] 소염제 処方(しょほう)[쇼호오] 처방

의견

자신의 의견 혹은 상대방의 의견에 동의하거나 반대하는 일이 있습니다.
누군가의 의견에 대한 여러 상황의 표현을 정리하였습니다.

51 의견에 동의할 때

아 나 따 노 이 껜 니 도우 깡 데 스.

いけん どうかん

あなたの意見に同感です。

당신의 의견에 동의합니다.

관련 표현

아 나 따 노 테이 앙 니 도우 깡 데 스.

ていあん どうかん

あなたの提案に同感です。

당신의 제안에 동의합니다.

아 나 따 노 케이까꾸 니 도우 이 시 마 스.

けいかく どうい

あなたの計画に同意します。

당신의 계획에 찬성합니다.

PLUS

와따시모 소 오 난 데 스.

わたし

私もそうなんです。

저도 그렇습니다.

Tip

'同意'와 '同感'은 각각 '동의'와 '동감'을 뜻한다. 서로 뉘앙스가 살짝 다를 것이라고 생각할 수도 있지만, 사실 실생활에서 쓰일 때는 큰 차이는 없다.

대화문 1

야마모또상 노 이 껜 니 도우깡 데 스.
A 山本(やまもと)さんの意見(いけん)に同感(どうかん)です。

와 따 시 노 이 껜 니 고 도우이 이 따 다 끼
B わたしの意見(いけん)にご同意(どうい)いただき

아 리 가 또 오 고 자 이 마 스.
ありがとうございます。

혼 또오니 스 바 라 시 이 아 이 데 아 다 또 오모 이 마 스 요.
A 本当(ほんとう)に素晴(すば)らしいアイデアだと思(おも)いますよ。

오 호 메 구 다 사 리 아 리 가 또 오 고 자 이 마 스.
B お褒(ほ)めくださり、ありがとうございます。

A 야마모토 씨 의견에 동의합니다.
B 제 의견에 동의해 주셔서 감사합니다.
A 정말 훌륭한 아이디어라고 생각해요.
B 칭찬의 말씀 감사합니다.

PLUS

와따시모 소 오 오모 이 마 스.
私(わたし)もそう思(おも)います。
저도 그렇게 생각합니다.

맛 따 꾸 도오 깐 데 스.
まったく同感(どうかん)です。
전적으로 동감입니다.

단어

意見(いけん)[이껜] 의견 同感(どうかん)だ[도우깡다] 동감이다 素晴(すば)らしい[스바라시이] 훌륭하다, 근사하다 アイデア[아이데아] 아이디어 褒(ほ)め[호메] 칭찬

대화문 ②

와 따 시와 스즈끼 상 노 이 껜 니 맛따꾸 도우깡 데 스.
A わたしは鈴木(すずき)さんの意見(いけん)に全(まった)く同感(どうかん)です。

타 다 산꼬우 다 께 시떼 구다 사 이.
B ただ参考(さんこう)だけしてください。

이 이 데 쇼 오. 이론 나 이 껭 오
A いいでしょう。色(いろ)んな意見(いけん)を

우 께 이레 루 꼬 또가 쥬우요오 데 스 까 라 네.
受(う)け入(い)れることが重要(じゅうよう)ですからね。

하게마 시노 오 꼬또바 아 리가 또 오고 자 이 마 스.
B 励(はげ)ましのお言葉(ことば)ありがとうございます。

A 저는 스즈키 씨의 의견에 완전히 동의합니다.
B 그냥 참고만 해주세요.
A 좋아요. 여러 의견을 받아들이는 것이 중요하니까요.
B 격려의 말씀 감사합니다.

Tip

우리가 '완전히 동의한다'라는 표현을 쓰고 싶을 때 '完全(かんぜん)に'(완전히, 완벽히)를 써서 '完全(かんぜん)に同感(どうかん)です'라고 표현하고 싶겠지만, 일본어에서는 보통 '완전히 동의한다'는 표현보다 '전적으로 동의한다' 즉, '全(まった)く同感(どうかん)です'를 쓰기 때문에 이 점 유의하자.

단어

全(まった)く[맛따꾸] 완전히, 전적으로　参考(さんこう)[산꼬우] 참고
受(う)け入(い)れる[우께이레루] 받아들이다　重要(じゅうよう)だ[쥬우요오다] 중요하다
励(はげ)ましのお言葉(ことば)[하게마시노오꼬또바] 격려의 말씀

52 의견에 반대할 때

아 나 따 노 이 껜 니 도우 이 시 마 셍.
あなたの意見(いけん)に同意(どうい)しません。
당신의 의견에 동의하지 않습니다.

관련 표현

아 나 따 노 캉가에 니 도우 깡 시마 셍.
あなたの考(かんが)えに同感(どうかん)しません。
당신의 생각에 동의하지 않습니다.

와 따 시 와 카레노 테에 앙 니 한 따이 데 스.
わたしは彼(かれ)の提案(ていあん)に反対(はんたい)です。
저는 그의 제안을 반대합니다.

PLUS

이 이 에 치가 이 마 스.
いいえ、違(ちが)います。
아뇨, 다릅니다.

↳「いいえ」는 정중하게 부정할 때, 「いや」는 가볍게 부정할 때 쓰인다. 또 「違います」는 단순히 사실과 다르다고 할 때 쓰인다.

대화문 1

미나상 와 와 따 시 가 다 시 따 이 껜 니 쯔 이 떼

A 皆(みな)さんはわたしが出(だ)した意見(いけん)について

도 우 오모 이 마 스 까?

どう思(おも)いますか。

와 따 시 와 나까 따 상 노 이 껜 니 와 도우 이 데 끼 마 셍.

B わたしは中田(なかた)さんの意見(いけん)には同意(どうい)できません。

도우 이 사 레 나 이 리 유우 와 난 데 스 까?

A 同意(どうい)されない理由(りゆう)は何(なん)ですか。

토우 샤 가 마 다 소 꼬 마 데 노 기 쥬쯔 오 못 떼 이 루 또

B 当社(とうしゃ)がまだそこまでの技術(ぎじゅつ)を持(も)っていると

오모 와 나 이 까 라 데 스.

思(おも)わないからです。

A 여러분은 제가 낸 의견에 대해서 어떻게 생각하시나요?
B 저는 나카타 씨의 의견에 동의 못합니다.
A 동의하지 않는 이유가 뭐예요?
B 우리 회사가 아직 거기까지의 기술을 가지고 있다고 생각하지 않아서요.

Tip

'~에 대해서'를 뜻하는 '~について'와 관련돼서 헷갈리는 표현이 몇 가지가 있다. '~対(たい)して'(~에 대해서)와 '~に関(かん)して'(~에 관해서)인데, '~について'는 우리가 흔히 쓰는 '~에 대해서'의 용법 그대로 쓰면 되고, '~に関(かん)して'(~에 관해서)는 살짝 문어체의 느낌이 강하다. '~対(たい)して'(~에 대해서)는 '~를 대상으로'라는 의미로 이해하면 된다.

단어

皆(みな)[미나] 다, 모두, 전부(みんな의 격식차린 말씨)　意見(いけん)[이껜] 의견　そこまでの[소꼬마데노] 거기까지의　技術(ぎじゅつ)[기쥬쯔] 기술

대화문 ❷

와 따 시 와 하시모또 상 노 이 껜 니 쬬 또 한 따이데 스.
はしもと いけん はんたい
A わたしは橋本さんの意見にちょっと反対です。

한 따이 노 리 유우 와 난 데 스 까?
はんたい りゆう なん
B 反対の理由は何ですか。

코 노 테이앙 와 호 보 지쯔 겡 스 루 카 노우세에 가 나 이 또
ていあん じつげん かのうせい な
A この提案はほぼ実現する可能性が無いと

오모이 마 스.
おも
思います。

쟈 아, 모 우 이찌도 센 몽 까 니 시 몽 시 떼 미 루 노 와
いちど せんもんか しもん
B じゃあ、もう一度専門家に諮問してみるのは

도 우 데 스 까?
どうですか。

A 저는 하시모토 씨의 의견에 반대합니다.
B 반대하는 이유는 뭔가요?
A 이 제안은 실현될 가능성이 거의 없는 것 같습니다.
B 그럼 한 번 더 전문가에게 자문해보는 것은 어때요?

PLUS

이 이 에 모 오 겟 꼬오 데 스.
けっこう
いいえ、もう結構です。
아뇨, 이제 됐습니다.

단어

はんたい
反対[한따이] 반대 ていあん
提案[테이앙] 제안 ほぼ[호보] 거의 じつげん
実現する[지쯔겡스루] 실현되다 かのうせい
可能性[카노우세에] 가능성 いちど
もう一度[모우이찌도] 한 번 더 せんもんか
専門家[센몽까] 전문가 しもん
諮問する[시몽스루] 자문을 구하다

53 의견에 거절할 때

와 따 시 가 치까라니 나 레 나 꾸 떼 고 멘 나 사 이.

わたしが力(ちから)になれなくてごめんなさい。

제가 도와주지 못해서 죄송해요.

관련 표현

아 나 따 노 요오큐우 니 고따 에 루 코 또 와

あなたの要求(ようきゅう)に応(こた)えることは

데 끼 마 셍.

できません。

제가 당신의 요구에 응할 수 없습니다.

와 따 시 모 오 까네 니 요 유우 가 아 리 마 셍.

わたしもお金(かね)に余裕(よゆう)がありません。

저도 금전적으로 여유가 없습니다.

Tip

'手伝(てつだ)う'(돕다)는 누군가가 어떤 작업을 하는 것을 돕는다는 뉘앙스가 강하다. 반면에 예문으로 쓰인 '力(ちから)になる'(돕다)는 단순히 작업을 도와주는 것을 넘어서 정신적으로나 경제적으로도 도움을 줄 때 많이 쓰인다. 'お金(かね)に余裕(よゆう)がある'는 직역하면 '돈에 여유가 있다'는 말인데, 금전적으로 여유가 있다는 뜻으로 자주 쓰이는 표현이다.

오 야꾸니 타 떼 즈, 스 미 마 셍.
やく　た
A お役に立てず、すみません。

다이죠오 부 데 스 요. 호까노 히또니 키 이 떼 미 마 스.
だいじょう ぶ　ほか　ひと　き
B 大丈夫ですよ。他の人に聞いてみます。

야마 다 상 니 키 이 떼 미 루 노 와 도 우 데 스 까?
やま だ　き
A 山田さんに聞いてみるのはどうですか。

와 따 시 요 리 츄우고꾸 고 가 우 마 이 데 스 요.
ちゅう ごく ご
わたしより中国語がうまいですよ。

와 까 리 마 시 따.
わ
B 分かりました。

A 제가 도움이 안 돼서 죄송해요.
B 괜찮아요. 다른 분에게 물어볼게요.
A 야마다 씨에게 물어보는 거 어때요? 저보다 중국어를 잘해요.
B 알겠습니다.

Tip

'お役に立てず'(도움이 안 돼서)에서 'ず'는 '~ないで'(~않아서)를 줄인 것이다. 그 앞에 오는 표현의 원형은 '役に立つ'(도움이 되다)인데 공손한 표현을 만들기 위해 앞에 'お'가 붙은 것이다.
'わたしより中国語がうまいですよ'(저보다 중국어를 잘해요)에서 'うまい'는 두 가지 뜻이 있다. '맛있다'와 '잘하다'인데, 특히 후자로 쓸 경우 우리말로는 '~를 잘하다'로 쓰기 때문에 조사가 앞에 'を'(을)를 쓸 것이라고 생각하지만, 조사는 'が'(이,가)를 써야 한다.

단어

聞いてみる[키이떼미루] 물어보다　~より[요리] ~보다　中国語[츄우고꾸고] 중국어　うまい[우마이] 잘하다, 맛있다

대화문 2

와 따 시가 치까라니나 레 나 꾸 떼 모오시 와께 아 리 마 셍.

A わたしが力(ちから)になれなくて申(もう)し訳(わけ)ありません。

이 에, 혼 또오니 다이죠오 부 데 스.

B いえ、本当(ほんとう)に大丈夫(だいじょうぶ)です。

지쯔 와, 사이낑 촛 또 킨 센 떼끼 니 요 유우 가 나 꾸 떼.

A 実(じつ)は、最近(さいきん)ちょっと金銭的(きんせんてき)に余裕(よゆう)がなくて。

와 까 리 마 시 따. 호까 노 히또니 타논 데 미 마 스.

B 分(わ)かりました。他(ほか)の人(ひと)に頼(たの)んでみます。

A 도움이 되지 못해서 죄송해요.
B 아니요, 정말 괜찮아요.
A 사실 제가 요즘 금전적으로 여유가 없어서요.
B 알겠어요. 다른 사람에게 부탁해볼게요.

PLUS

스 미 마 셍, 지 분 데 츠까오 오 또 오못 떼 룬 데 스.

すみません、自分(じぶん)で使(つか)おうと思(おも)ってるんです。

미안합니다, 제가 쓰려고 생각하고 있습니다.

단어

力(ちから)になる[치까라니나루] 힘이 되다, 돕다 実(じつ)は[지쯔와] 사실은 金銭的(きんせんてき)に[킨센떼끼니] 금전적으로 余裕(よゆう)[요유우] 여유 頼(たの)む[타노무] 부탁하다

54 의견을 물어볼 때

돈 나 이 겡 가 아 리 마 스 까?

どんな意見(いけん)がありますか。

무슨 의견이 있나요?

관련 표현

나니 까 이 겡 와 아 리 마 스 까?

何(なに)か意見(いけん)はありますか。

어떤 생각이 있나요?

도 우 오모이 마 스 까?

どう思(おも)いますか。

어떻게 생각하시나요?

PLUS

다레 오 스이 센 시 마 쇼 오 까?

誰(だれ)を推薦(すいせん)しましょうか。

누구를 추천할까요?

대화문 1

나니까 이 껭 와 아 리마 스 까?
なに い けん
A 何か意見はありますか。

난 노 이 껭 모 아 리 마 셍.
なん い けん
B 何の意見もありません。

쟈 아.
A じゃあ、

코 레 데 라이 넨 노 교우 무 케에 까꾸와 사이따꾸사 레 마 시 따.
らい ねん ぎょう む けい かく さい たく
これで来年の業務計画は採択されました。

라이 넨 노 짓 세끼 가 잇 소우 아 가 루 또이 이 데 스 네.
らい ねん じっ せき いっ そう あ
B 来年の実績が一層上がるといいですね。

A 어떤 의견이죠?
B 어떤 의견도 없어요.
A 그럼, 이것으로 내년의 업무 계획은 채택되었습니다.
B 내년 실적이 한층 올라가면 좋겠네요.

PLUS
오 챠 와 도 노 요 오 니 나 사 이 마 스 까?
ちゃ
お茶はどのようになさいますか。
차는 어떻게 드시겠습니까?

↳ どのように 어떻게, 어떤 모양(식)으로

단어

らいねん
来年[라이넨] 내년 　けいかく
計画[케에까꾸] 계획 　さいたく
採択する[사이따꾸스루] 채택하다
じっせき
実績[짓세끼] 실적 　いっそう
一層[잇소우] 한층

대화문 2

코 노 켄 니 쯔 이 떼 도 우 오모이 마 스 까?
A この件(けん)についてどう思(おも)いますか。

코 노 케에까꾸 와 마 따 모 우 이찌 도 기 롱 사 레 루 베 끼 데 와 나 이 데 쇼 오 까?
B この計画(けいかく)はまたもう一度(いちど)議論(ぎろん)されるべきではないでしょうか。

사 라 니 구 타이떼끼 나 이 켕 와 아 리 마 스 까?
A さらに具体的(ぐたいてき)な意見(いけん)はありますか。

하 이. 와 따 시 노 이 켕 오 마 토 메 타 호오코쿠 쇼 오 아토 데 오 오쿠리 시 마 스.
B はい。わたしの意見(いけん)をまとめた報告書(ほうこくしょ)を後(あと)でお送(おく)りします。

A 이 건에 대해서 어떻게 생각하세요?
B 이 계획은 한 번 더 다시 의논을 해야 하지 않을까요?
A 더욱 구체적인 의견은 있으세요?
B 네, 제 의견을 정리한 보고서를 나중에 보내드릴게요.

PLUS
이 쯔 고 로 데 끼 아 가 리 마 스 까?
いつごろ出来上(できあ)がりますか。
언제쯤 완성되겠습니까?

단어

どう[도우] 어떻게 議論(ぎろん)[기롱] 의론, 의논 さらに[사라니] 더욱더 具体的(ぐたいてき)な[구타이떼끼나] 구체적인 まとめる[마토메루] 정리하다 報告書(ほうこくしょ)[호오코쿠쇼] 보고서

55 추천해달라고 할 때

오 스 스 메 또까 아리마스 까?

おすすめとかありますか。

추천 좀 해주세요.

관련 표현

와따시가 에라베 나이 노 데 스 가,
わたし えら
私が選べないのですが、

니 아 우이로오 에란 데 구다 사이.
に あ いろ えら
似合う色を選んでください。

제가 결정하지 못했습니다. 적합한 색을 골라주세요.

후쿠 오 에란 데 미 떼 구 다 사 이.
ふく えら
服を選んでみてください。

옷을 골라보세요.

Tip

'추천하다'를 한자어 때문에 '推薦(すいせん)する'를 생각하기 쉽지만 일상생활에서는 おすすめ가 잘 쓰이기 때문에 기억해두자. おすすめメニュー(추천 메뉴), おすすめパック(추천 패키지) 등이 그 예시이다.

오 스 스 메 또까 아 리마 스 까?
A おすすめとかありますか。

코 노 체 크가라코- 토가 고또시 노 후유.
B このチェック柄(がら)コートが今年(ことし)の冬(ふゆ)、

하 야루스따이루데 스 요.
流行(はや)るスタイルですよ。

에무사 이 즈 아 리마 스 까?
A Mサイズありますか。

아 리마 스 요, 이치도 키 떼 미 떼 모 이 이 데 스 요.
B ありますよ、一度(いちど)着(き)てみてもいいですよ。

A 추천이랄 게 있나요?
B 이 체크 코트가 올 겨울 유행하는 스타일이에요.
A 중간 사이즈 있나요?
B 있어요, 한번 입어 보셔도 됩니다.

Tip

일본어에서 'の'는 중요하다. 우리말과는 달리 명사와 명사 사이에 の를 쓴다. 예를 들면 우리말로는 '일본어 선생님'인데 일본어로는 '日本語(にほんご)の先生(せんせい)'로 の를 붙이기 때문이다. 본문의 今年(ことし)の冬(ふゆ)(올 겨울)도 같은 맥락이라 할 수 있다. '~해보다'는 て형의 활용표현인 'てみる'를 사용하면 된다. '~해도 되다'도 마찬가지로 활용표현인 'てもいい'이다.

단어

おすすめ[오스스메] 추천　チェック柄(がら)[체크가라] 체크무늬　流行(はや)るスタイル[하야루스따이루] 유행하는 스타일　Mサイズ[에무사이즈] 중간 사이즈

대화문 2

오 스 스메또까 아리마스 까?
A おすすめとかありますか。

고레 와아따라시꾸데 따 스마호데 힌 시쯔모 이이데 스시,
B これは新(あたら)しく出(で)たスマホで品質(ひんしつ)もいいですし、

데자인 모 키레에데 스요.
デザインも綺麗(きれい)ですよ。

쟈 아, 미떼미떼 모이 이데 스 까?
A じゃあ、見(み)てみてもいいですか。

와 까 리마시 따.
B 分(わ)かりました。

A 추천이랄 게 있나요?
B 이것은 새로 나온 스마트 폰이고 품질도 좋고, 디자인도 예쁩니다.
A 그럼 봐도 됩니까?
B 알겠습니다.

Tip

일본에서는 スマートフォン(스마트 폰)을 줄여서 スマホ라고도 한다. 일상생활에서 자주 쓰이는 말이기 때문에 알아두자.
'~하고'라는 병렬 표현으로 '~し'를 사용할 수 있다. 주로 장점의 서술이나 원인/이유를 두 가지 이상 병렬해서 말할 때 사용한다. 본문에서는 장점의 나열을 위해 사용됐다. 동사, 형용사 모두 나열 가능하다.

단어

新(あたら)しい[아따라시이] 새롭다, 오래지 않다 品質(ひんしつ)[힌시쯔] 품질 見(み)る[미루] 보다

56 입장을 바꿔 생각하라고 할 때

타치 바 오 카 에 떼 캉가 에 떼 미 떼 구 다 사 이.
たちば か かんが
立場を変えて考えてみてください。
입장을 바꿔서 생각해보세요.

관련 표현

아이 떼 니 낫 떼 캉가 에 떼 미 떼 구 다 사 이.
あい て かんが
相手になって考えてみてください。
상대방이 되어 생각해보세요.

아이 떼 노 타치 바 데 캉가 에 떼 미 떼 구 다 사 이.
あい て たちば かんが
相手の立場で考えてみてください。
상대방의 입장에서 생각해보세요.

료오까이!
りょうかい
了解!
알았어!

↳「了解(りょうかい)」는 이해하여 납득하는 것을 말하며, 「わかった(알았다)」와 동일한 의미이다. 그러나 「了解」는 「양해」라는 뜻으로도 쓰인다.

대화문 1

이 라 이 라 시 떼 타 마 라 나 이 와!
A イライラしてたまらないわ！

다레노 세 에 데 손 나 니 오콧 떼 루 노?
B 誰(だれ)のせいでそんなに怒(おこ)ってるの？

요 꾸 요루오소꾸모돗 떼 쿠 루 노.
A よく夜(よる)遅(おそ)く戻(もど)ってくるの。

타치 바 오 카 에 떼 캉가에 루 또
B 立場(たちば)を変(か)えて考(かんが)えると、

리 카이데 끼 루 까 모 시 레 나 이 요.
理解(りかい)できるかもしれないよ。

A 짜증 나 죽겠어!
B 누구 때문에 그렇게 화가 난 거니?
A 자주 늦게 집에 와요.
B 입장을 바꿔서 생각하면 이해될 수도 있어.

Tip

たまらない는 크게 두 가지 의미가 있다. 첫 번째는 긍정적인 뉘앙스로 뭐라고 할 수 없을 정도로 좋다는 것이고, 두 번째는 부정적인 의미로 참을 수 없다는 뜻이다. '참다, 견디다'라는 堪(たま)る에서 온 표현이다.
~かもしれない는 '~할지도 모른다'로, 정중한 표현은 ~かもしれません·~かもしれないです로 나타낼 수 있다.

단어

いらいらする[이라이라스루] (말이나 행동이) 상대방의 기분을 건드리다
怒(おこ)る[오코루] 화내다 立場(たちば)[타치바] 입장

손 나코또가 이시다 산 니데끼따라도우까 캉가에떼
A そんなことが石田(いしだ)さんにできたらどうか考(かん)えて
미따코또와 아리마셍까?
みたことはありませんか。

캉가에떼 미따코또아리마셍.
B 考(かん)えてみたことありません。

돈 나코또데모타찌바오 카에떼 캉가에떼미따라도오
A どんなことでも立場(たちば)を変(か)えて考(かん)えてみたらどう
데스까? 소오스루또, 아이떼노 호오오 리카이데키마스요.
ですか。そうすると、相手(あいて)の方(ほう)を理解(りかい)できますよ。

와따시모소레와 와깟떼이마스.
B 私(わたし)もそれは分(わ)かっています。

A 그 일이 이시다 씨한테 일어나면 어땠을까 생각해본 적 없어요?
B 그렇게 생각해본 적이 없어요.
A 무슨 일이든 입장을 바꿔 생각을 해보는 게 어때요? 그러면 상대방이 이해돼요.
B 저도 그건 알지요.

Tip

する의 가능형 표현인 できる는 '点数(てんすう)に大差(たいさ)ができる。'(점수에 큰 차가 생기다)에서와 같이 '(어떤 일, 어떤 것이) 생기다'라는 의미도 가지고 있다. 이러한 의미의 できる에서 나온 명사가 出来事(できごと)로, '사건, 일'이라는 의미이다.

단어

考(かん)える[캉가에루] 생각하다 変(か)える[카에루] 바꾸다 相手(あいて)[아이떼] 상대방
理解(りかい)する[리카이스루] 이해하다

57 세상에는 공짜가 없다고 할 때

요노 나까니타 다와 나이 데스 요.
世の中(よ なか)にただはないですよ。

세상에 공짜는 없어요.

관련 표현

요 노 나까니 와 타 다 와아 리마 셍.
世の中(よ なか)にはただはありません。
세상에는 공짜가 없어요.

하야 꾸 유메까 라 사 메 떼 호 시 이 데 스!
早(はや)く夢(ゆめ)から覚(さ)めてほしいです!
빨리 꿈에서 깨어났으면 좋겠네요!

'ただ'에는 두 가지 뜻이 있다. (단지, 공짜)
같은 명사로 쓰이지만 쓰임에 따라 뜻이 완전히 다르니 혼동하지 말자.

보 꾸와 타 다 료꼬오니 이끼 따이 다 께 데 스.
ex ぼくはただ旅行(りょこう)に行(い)きたいだけです。
저는 단지 여행에 가고 싶은 것뿐입니다.

고노 오 까 시 와 타 다 데 스.
ex このおかしはただです。
이 과자는 공짜입니다.

사이 찡,　키 붕 가 요 꾸 나 이 데 스.
さいきん　きぶん
A 最近、気分がよくないです。

도 오 시 딴　데 스 까?
B どうしたんですか。

와따시와이 쯔 고로이 케 멘 데,
わたし　ごろ
A 私はいつ頃イケメンで、

오 카네 모 찌 노 오오 지 사마니 아 에 루 데 쇼 오 까?
かね も　おうじ さま　あ
お金持ちの王子様に会えるでしょうか。

유메 까 라 사 메 따 라 도 오 데 스 까?
ゆめ　さ
B 夢から覚めたらどうですか。

요 노 나까 니 타 다 와 나 이 데 스 요.
よ　なか
世の中にただはないですよ。

A 최근에 기분이 좋지 않아요.
B 왜요?
A 제가 언제쯤 잘 생기고 돈 많은 백마 탄 왕자님을 만날 수 있을까요?
B 꿈에서 깨어나는 게 어때요? 세상에는 공짜가 없어요.

Tip

'좋다, 괜찮다'라는 뜻을 가진 いい・よい는 모두 い형용사이다. 전자는 일상 대화에서 많이 사용되며, 후자는 문어체에서 주로 사용된다. 부정, 과거, 과거 부정, 연결 등으로 활용 시에는 よい로만 활용 가능한 점을 기억해두자. 따라서 좋지 않다는 よくない로 나타낼 수 있다.

단어

気分(きぶん)[키붕] 기분　頃(ごろ)[고로] 경, 무렵, 쯤　イケメンだ[이케멘다] 잘생기다　持(も)ち[모찌] 가짐, 소유

대화문 2

요노 나까니 타다 난 떼 아 리마 스 까?
よ なか
A 世の中にただなんてありますか。

하야꾸유메 까 라 사 메 떼 호 시 이 데 스!
はや ゆめ さ
早く夢から覚めてほしいです！

다레노 하나시데 스 까?
だれ はなし
B 誰の話ですか。

와따시노아니데 스. 지 붕 노 시아와세오
わたし あに じ ぶん しあわ
A 私の兄です。自分の幸せを

오 카네데 카 에 룻 떼 오못 떼 룬 데 스.
かね か おも
お金で買えるって思ってるんです。

오 니이 상 와 유메 미 루 코 또 가 스 키 난 데 스 네.
にい ゆめ み す
B お兄さんは夢見ることが好きなんですね。

A 세상에 공짜가 어디 있어요? 얼른 꿈에서 깼으면 좋겠어요!
B 누구 말하는 거예요?
A 저희 오빠요. 자신의 행복을 돈으로 살 수 있다고 생각해요.
B 오빠가 꿈꾸는 것을 좋아하는 것 같네요.

Tip

'~했으면 좋겠다'는 て형의 활용표현인 て형 + ほしい로 표현하면 된다. 이에 대해 'ここに早(はや)く来(き)てほしい(빨리 와줬으면 좋겠다)', 'ゲーム機(き)を買(か)ってほしい(게임기를 사줬으면 좋겠다)' 등을 예문으로 들 수 있다.

단어

夢(ゆめ)[유메] 꿈　覚(さ)める[사메루] 눈 뜨다　誰(だれ)[다레] 누구　話(はなし)[하나시] 이야기, 말
幸(しあわ)せ[시아와세] 행복

58 나를 데리고 갈 수 있는지 물을 때

와따시모 츠 레 떼 잇 떼 모 랏 떼 모 이 이 데 스 까?
わたし つ い
私も連れて行ってもらってもいいですか。
저 데리고 갈 수 있어요?

관련 표현

료 꼬오 니 와따시모 츠 레 떼 잇 떼 모 랏 떼 모
りょこう わたし つ い
旅行に私も連れて行ってもらっても
이 이 데 스 까?
いいですか。
절 데리고 같이 여행갈 수 있어요?

와따시오 츠 레 떼 뵤 잉 니 잇 떼 모 랏 떼 모
わたし つ びょういん い
私を連れて病院に行ってもらっても
이 이 데 스 까?
いいですか。
절 데리고 병원에 갈 수 있나요?

캉가에 떼 오 끼 마 스.
かんが
考えておきます。
생각해 보겠습니다.

↳ 상대의 요구에 즉답을 할 수 없을 때 쓰이는 표현으로 「考(こう)慮(りょ)に入(い)れます(고려하겠습니다)」라고도 한다.

대화문 1

와따시모잇 쇼 니 잇 떼 모 이 이 데 스 까?
A 私も一緒に行ってもいいですか。(わたし / いっしょ / い)

토 장 가 스 키 데 시 따 라, 츠 레 떼 이 케 마 스 요.
B 登山が好きでしたら、連れていけますよ。(とざん / す / つ)

요 캇 따! 아시따 노 난 지 데 스 까?
A よかった！明日の何時ですか。(あした / なんじ)

아시따, 하치지 니 보꾸노 도꼬로니 키 떼 구 다 사 이.
B 明日、8時に僕の所に来てください。(あした / じ / ぼく / ところ / き)

A 나도 함께 가도 돼요?
B 등산하는 것을 좋아하면, 데리고 갈 수 있어요.
A 다행이다! 내일 몇 시요?
B 내일 8시에 저한테 오세요.

Tip

'좋아한다면'이라는 가정, 조건 표현은 ~たら로 표현할 수 있다. 일본어에 가정, 조건 표현은 다양하게 있는데, と・ば・たら・なら가 대표적이다.

단어

一緒に(いっしょ)[잇쇼니] 함께, 같이 登山(とざん)[토장] 등산 好く(す)[스쿠] 좋아하다
連れる(つ)[츠레루] 데리고 오다, 거느리다

와따시모잇 떼 모이 이데스 까?
A 私(わたし)も行(い)ってもいいですか。

콩 까이와 춋 또. 니 혼 슛쵸오츄우니 와
B 今回(こんかい)はちょっと…。日本出張中(にほんしゅっちょうちゅう)には

숏 핑 그스루 지 깡가나인 데스.
ショッピングする時間(じかん)がないんです。

소레와 잔넨데스 네.
A それは残念(ざんねん)ですね。

마따 콘 도시마쇼 오.
B また今度(こんど)しましょう。

A 나도 가도 돼요?
B 이번에는 좀…. 일본 출장 중에는 쇼핑할 시간이 없어서요.
A 너무 아쉽네요.
B 다음에 하죠.

Tip

残念(ざんねん)에 일대일로 대응하는 우리말 단어는 없다. 그나마 '유감'이라는 의미와 가까운데, 같은 뜻인 것은 아니다. 하지만 일본에서는 일상생활에서 정말 많이 사용되는 말이기 때문에 꼭 기억해두도록 하자. '残念(ざんねん)ながら','残念(ざんねん)ですが',' 残念(ざんねん)なことに' …(안타깝게도, 유감스럽게도) 등으로 활용된다.

단어

今回(こんかい)[콩까이] 이번, 금번　ショッピングする[숏핑그스루] 쇼핑하다
今度(こんど)[콘도] 이 다음

59 친구를 데려가도 되는지 물을 때

도모다찌 오 츠 레 떼 잇 떼 모 이 이 데 스 까?

友達(ともだち)を連(つ)れて行(い)ってもいいですか。

제가 친구 한 명 데리고 가려고 하는데 괜찮아요?

관련 표현

카노 죠 오 츠 레 떼 잇 떼 모 이 이 데 스 까?

彼女(かのじょ)を連(つ)れて行(い)ってもいいですか。

제가 여자친구 데리고 갈 건데 괜찮아요?

카이 샤 노 도 료 오 츠 레 떼 잇 떼 모 이 이 데 스 까?

会社(かいしゃ)の同僚(どうりょう)を連(つ)れて行(い)ってもいいですか。

제가 회사 동료 데리고 갈 건데 괜찮아요?

Tip

'~해도 될까요?'라고 허락을 구할 때 て형의 활용 표현인 'てもいいですか'를 사용한다.

대화문 1

도모다찌오 츠레떼 잇 떼모이이데스까?
ともだち つ い
A 友達を連れて行ってもいいですか。

모찌론 데스. 오오닌즈으노 호오가이이데스까라.
おおにんずう
B もちろんです。大人数のほうがいいですから。

쟈 아,
A じゃあ、

와따시노다이가꾸노 도모다찌오 후따리 츠레테 이끼마스.
わたし だいがく ともだち ふたり つ
私の大学の友達を二人連れていきます。

요오코소!
B ようこそ!

A 제가 친구 데리고 갈 건데 괜찮죠?
B 당연하죠. 사람이 많은 편이 좋으니까요.
A 그럼, 제가 제 대학 동창 두 명을 데리고 같이 갈게요.
B 환영해요!

Tip

'ようこそ'는 상대의 방문에 감사하거나, 환영의 뜻을 나타내는 말이다. 또한, 환영 인사 시 '잘'이라는 뜻으로 쓰일 때도 있다는 것을 알아두자. 예를 들면, ようこそいらっしゃいました・ようこそ、お越(こ)しくださいました。모두 '어서 오십시오, 잘 오셨습니다, 환영합니다' 라는 뜻이다.

단어

もちろん[모찌론] 물론 大人数(おおにんずう)[오오닌즈으] 인원수가 많음 大学(だいがく)[다이가꾸] 대학

와따시노도모다찌오 츠 레 떼 잇 떼모이이데스 까?
わたし ともだち つ い
A 私の友達を連れて行ってもいいですか。

모 찌 롱 이 이 데 스 요.
B もちろんいいですよ。

카레, 기 타– 가 혼 또오니 우 마 인 데 스.
かれ ほんとう うま
A 彼、ギターが本当に上手いんです。

이 이 데 스 네!
B いいですね！

A 제가 친구 데리고 갈 건데 괜찮죠?
B 당연히 괜찮죠.
A 그 친구, 기타 정말 잘 쳐요.
B 좋아요!

Tip

うまい라는 표현은 '잘하다'라는 뜻으로도 쓰일 수 있지만 '맛있다'로도 쓰인다.

단어

ギター[기타–] 기타 上手(うま)い[우마이] 잘 하다

60 확실하게 하는 것이 좋다고 할 때

핫 끼리시따 호오가 이 이 데 스.

はっきりした方(ほう)がいいです。

명확한 것이 좋죠.

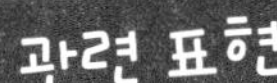

엥 오 키 루.

縁(えん)を切(き)る。

연을 끊다.

스 키 키라이 오 핫 키리스 루 베 끼 다.

好(す)き嫌(きら)いをはっきりするべきだ。

좋고 나쁨을 명확히 구분해야 한다.

Tip

~べきだ는 '당연히 ~해야 한다'라는 의미를 가지고 있으며, 동사의 기본형과 결합되어 쓰인다. 이는 현재도 사용되고 있는 고어인 ~べし(~해야 한다)에서 나온 말이다.

'~해야 할 일'이라고도 쓰이는데, 이때는 ~べきこと라고 하면 된다. やるべきことは分(わ)かっている(해야 할 일은 알고 있다)를 예문으로 들 수 있다.

대화문 1

다나까상 와도노치-므노환 데스까?
A 田中(たなか)さんはどのチームのファンですか。

와따시와수원 치-므노환 데스.
B 私(わたし)はスワォンチームのファンです。

야마구찌상 와도오데스까?
山口(やまぐち)さんはどうですか。

보끄와소우루 치-므데스네. 쟈아.
A 僕(ぼく)はソウルチームですね。じゃあ、

보끄타치핫끼리스루 히쯔요오가 아리마스네.
僕(ぼく)たちはっきりする必要(ひつよう)がありますね。

킨쵸시떼마스네.
B 緊張(きんちょう)してますね。

소꼬마데스루 히쯔요오 아리마스까?
そこまでする必要(ひつよう)ありますか。

A 다나까 씨는 어떤 팀의 팬이에요?
B 저는 수원팀의 팬이에요. 야마구치 씨는요?
A 저는 서울팀이요. 그럼 우리 분명히 구분을 해야겠네요.
B 긴장하고 있네요. 그럴 필요까지 있어요?

Tip

'そこ'는 '거기', 'まで'는 '까지'이기 때문에 'そこまでする'라고 하면 '그렇게까지 한다'라는 의미가 된다.

단어

どの[도노] 어떤, 무슨 ファン[환] 팬 チーム[치-므] 팀
緊張(きんちょう)する[킨쵸스루] 긴장하다 必要(ひつよう)[히쯔요오] 필요

아– 아, 사이킹 노 요 노 나까와 츠메따 이 데 스 네.
A あーあ、最近(さいきん)の世(よ)の中(なか)は冷(つめ)たいですね。

도 오 이 우 코또 데 스 까?
B どういうことですか。

마와리 노 히또 타 치 니 오 까네오 카 리 루 노 모
A 周(まわ)りの人(ひと)たちにお金(かね)を借(か)りるのも

칸 딴 쟈 아 리 마 셍!
簡単(かんたん)じゃありません！

오 카네니 칸 스 루 노 와 핫 끼 리 스 루 베 끼 데 스 요!
B お金(かね)に関(かん)するのははっきりするべきですよ！

A 아이고, 요즘 세상은 차가운 것 같아요!
B 무슨 말이에요?
A 사람들에게 돈 빌리고 싶어도 참 쉽지 않아요!
B 금전 부분에 있어서는 명확히 해야지요!

Tip

회화에서는 다양한 줄임말이 허용된다. 그 중 하나가 'こと'(일, 것)를 'の'로 줄여 말하는 것이다. 본문에서처럼 '借(か)りること'는 '借(か)りるの'로 줄여 말할 수 있다. 회화의 큰 특징 중 하나이기 때문에 잘 알아 두고 연습하고 써보면 보다 자연스러운 일본어를 구사할 수 있다.

단어

冷(つめ)たい[츠메따이] 차가운, 차갑다 借(か)りる[카리루] 빌리다 簡単(かんたん)な[칸딴나] 간단한, 쉬운 関(かん)する[칸스루] 관한

조언

세상을 살다 보면 어려움이 닥칠 때가 많이 있습니다.
혼자만 살아가는 세상이 아니기 때문에 주변 사람들을 통해서 조언을 얻는 경우가 많이 있지요. 누군가에게 조언을 받거나 조언을 할 때 쓸 수 있는 표현을 정리했습니다.

61 부정적인 생각을 하지 말라고 할 때

아 마 리 히 떼에떼끼 니 캉가 에 나 이 호오가 이 이 데 스 요.

ひ てい てき　かんが　ほう

あまり否定的に考えない方がいいですよ。

너무 부정적으로 생각하지 마세요.

관련 표현

아 마 리 히 칸 테끼 니 캉가 에 나 이

ひ かん てき　かんが

あまり悲観的に考えない

호오 가 이 이 데 스 요.

ほう

方がいいですよ。

너무 비관적으로 생각하지 마세요.

코 노 요 오 니 캉가 에 떼 와 이 케 마 셍.

かんが

このように考えてはいけません。

이렇게 생각해서는 안됩니다.

Tip

~方(ほう)がいい는 '~하는 편이 좋다'이다. 일본에서는 극단적으로 이야기하는 것을 되도록 자제하려고 하기 때문에 이러한 표현이 회화에서는 자주 쓰인다.

와따시, 센 슈 멘 세쯔오 우 께 마 시 따.
わたし せんしゅうめんせつ う
A 私、先週面接を受けました。

켓 까 와 이 쯔 핫 뾰 사 레 룬 데 스 까?
けっ か はっぴょう
B 結果はいつ発表されるんですか。

아시따 데 스, 데 모 우 마 꾸 이 까 나 이 또 오모이 마 스.
あした おも
A 明日です、でもうまくいかないと思います。

아 마 리 히 떼에떼끼니 캉가 에 나 이 호오가 이 이 데 스 요.
ひ ていてき かんが ほう
B あまり否定的に考えない方がいいですよ。

A 저 지난주에 면접 봤어요.
B 결과가 언제 발표되나요?
A 내일이요. 근데 잘 안될 것 같아요.
B 너무 부정적으로 생각하지 마세요.

Tip

発表(はっぴょう)される(발표되다)는 発表(はっぴょう)する(발표하다)의 수동형 표현이다.
あまり는 '별로, 그다지'라는 뜻으로 뒤에는 부정어가 오는 것을 잊지 말자. あまり好(す)きじゃない(그다지 좋아하지 않다), 雨(あめ)があまり降(ふ)らない(비가 별로 오지 않는다) 등을 예로 들 수 있다.

단어

先週(せんしゅう)[센슈] 지난주 面接(めんせつ)[멘세쯔] 면접 受(う)ける[우께루] 치르다
発表(はっぴょう)される[핫뾰사레루] 발표되다 うまくいく[우마꾸이쿠] 잘 되다

보꾸, 슈 마쯔 니 이즈미상 니 코꾸하꾸 시따 이 데 스.
A 僕(ぼく)、週末(しゅうまつ)に泉(いずみ)さんに告白(こくはく)したいです。

쯔 이 니 유우 끼오 다 시딴 데 스 네.
B ついに勇気(ゆうき)を出(だ)したんですね。

하 이, 데 스 가 카노 죠 가 보꾸노 코 또 가
A はい、ですが彼女(かのじょ)が僕(ぼく)のことが

스 키 쟈 나 깟 따 라 도오 시 마 쇼 오.
好(す)きじゃなかったらどうしましょう。

아 마 리 히 깐 테끼 니 캉가에 나 이 호오 가 이 이 데 스 요.
B あまり悲観的(ひかんてき)に考(かんが)えない方(ほう)がいいですよ。

코오 웅 오 이노리 마 스.
幸運(こううん)を祈(いの)ります。

A 저 주말에 이즈미 씨한테 고백하고 싶어요.
B 드디어 용기를 냈군요.
A 네, 근데 그녀가 절 좋아하지 않으면 어떡하죠?
B 너무 비관적으로 생각하지 않는 편이 좋아요. 행운을 빌어요.

Tip

'たらどうしましょう'는 '~하면 어떡하죠'라는 의미이며, 'どうしましょう'만 단독으로 사용하여 '어떻게 하죠?/어떡하죠?'로 쓸 수 있다.

단어

告白(こくはく)する[코꾸하꾸스루] 고백하다　勇気(ゆうき)[유우끼] 용기
悲観的(ひかんてき)だ[히깐테끼다] 비관적이다　幸運(こううん)[코오운] 행운

62 긍정적인 생각을 하라고 할 때

마에 무끼 니캉가 에마쇼 오.
まえ む かんが
前向きに考えましょう。
긍정적으로 생각합시다.

관련 표현

사 아, 겡 끼 오 다 시떼.
げん き だ
さあ、元気を出して。
자, 힘을 내요.

와루이 코또와 삿 사또 와스레 떼 시마이 마쇼 오.
わる わす
悪いことはさっさと忘れてしまいましょう。
나쁜 일은 얼른 잊어버립시다.

Tip

さっさと는 회화에서 다양하게 활용되는 부사이다. 뜻은 '쾍쾍, 얼른, 훌훌, 빨리빨리' 정도로 표현할 수 있다. 예문을 들자면 다음과 같다.

ex さっさと歩け。(빨리빨리 걸어라.)

ex 服をさっさと脱ぎすてる。(옷을 훌훌 벗어 던지다.)

ex さっさとやりましょうか。(얼른 할까요?)

대화문 1

토 떼 모 츠라이 데 스!
A とても辛(つら)いです！

도 시딴 데 스 까?
B どうしたんですか。

젠 부 유이노오노 세 에 데 스 요.
A 全部(ぜんぶ)結納(ゆいのう)のせいですよ。

겟 꽁 와 이찌다이지 데 스 시, 진 세에 데 못또 모 다이 지 나
B 結婚(けっこん)は一大事(いちだいじ)ですし、人生(じんせい)で最(もっと)も大事(だいじ)な

코 또 데 스 까 라 마에 므 끼 니 캉가에 마 쇼.
ことですから前向(まえむ)きに考(かんが)えましょう。

A 정말 괴롭네요!
B 무슨 일인데요?
A 다 예물 때문이라고요.
B 결혼은 큰일이고, 인생에서 가장 중요한 일인데 긍정적으로 생각해요.

PLUS

스 루 요.
するよ。
할게.

단어

とても[토떼모] 대단히, 매우 辛(つら)い[츠라이] 괴롭다 結納(ゆいのう)[유이노오] 예물
一大事(いちだいじ)[이치다이지] 큰 일 前向(まえむ)き[마에므끼] 사고방식이 발전적, 적극적임

대화문 2

마에므 끼 니 캉가에 따 호오가 이 이 데 스 요.

A 前向(まえむ)きに考(かんが)えた方(ほう)がいいですよ。

오콧 떼 모 무 다나 노 와 싯 떼 이 마 스.

B 怒(おこ)っても無駄(むだ)なのは知(し)っています。

라인 데 오 따가 이 하나시 앗 떼 미 루 노 와 도 오 데 스 까?

A LINEでお互(たが)い話(はな)し合(あ)ってみるのはどうですか。

하 이, 소 오 시 떼 미 마 스.

B はい、そうしてみます。

A 긍정적으로 생각하는 것이 좋을 것 같아요.
B 화내도 소용없는 거 알아요.
A LINE으로 서로 이야기를 하면 더 좋지 않을까요?
B 네, 그렇게 해볼게요.

Tip

お互(たが)い(서로)라는 말이 앞에 나오고, 뒤에 동사가 오는 경우 合(あ)う를 함께 붙여서 쓰는 경우가 많다. 예를 들면 お互(たが)い話(はな)し合(あ)う(서로 얘기하다), お互(たが)い支(ささ)え合(あ)う(서로 의지하다), お互(たが)い尊重(そんちょう)し合(あ)う(서로 존중하다) 등처럼 쓰일 수 있다.

단어

怒(おこ)る[오코루] 성내다, 화내다　無駄(むだ)な[무다나] 소용없는　お互(たが)い[오따가이] 서로
話(はな)す[하나스] 이야기하다, 말하다

63 자신이 한 말에는 책임지라고 할 때

지 붕데 잇 따 코 또 니 와 세끼 닝 오 모 츠 베 끼 데 스.
じぶん い せきにん も
自分で言ったことには責任を持つべきです。

자신이 한 말에는 책임을 져야 합니다.

관련 표현

세끼 닝 캉 오 모 따 나 케 레 바 나 리 마 셍.
せきにんかん も
責任感を持たなければなりません。

책임감을 가져야만 합니다.

신 빠이시 나 이 데 구 다 사 이. 지 분 데
しんぱい じぶん
心配しないでください。自分で
잇 따 코또 니 와 세키 닝 오 모 치 마 스.
い せきにん も
言ったことには責任を持ちます。

걱정마세요. 제가 한 말에는 책임을 집니다.

PLUS

기미 니 호 시 이 노 와 모 오 입 뽀 노 도 료꾸 다.
きみ いっぽ どりょく
君にほしいのはもう一歩の努力だ。

너에게 바라는 것은 좀 더 노력하는 것이야.

도 오 세 꼬 오 시 나 케 레 바 나 라 나 이 코 또 가 키 맛
A どうせこうしなければならないことが決(き)まったので責任感(せきにんかん)を持(も)たなければなりません。
따 노 데 세키닝 깡 오 모 따 나 케 레 바 나 리 마 셍.

와따시와데 끼 마 스.
B 私(わたし)はできます。

후끄스이 본 니 카에 라 즈 데 스.
A 覆水盆(ふくすいぼん)に返(かえ)らずです。

와따시와와따시노세키 닝 가 오모이 코 또 오 싯 떼 마 스 시,
B 私(わたし)は私(わたし)の責任(せきにん)が重(おも)いことを知(し)ってますし、
사이 젱 오 츠 쿠 시 마 스.
最善(さいぜん)を尽(つ)くします。

A 이 일이 기왕 이렇게 해야 하는 것이 결정됐기 때문에 책임감을 가져야 합니다.
B 저는 할 수 있습니다.
A 엎어진 물은 다시 담을 수 없습니다.
B 저는 저의 책임이 크다는 것을 알고 있고, 최선을 다할 겁니다.

PLUS
모 오스꼬 시 감 바 루 베 끼 다.
もう少(すこ)し頑張(がんば)るべきだ。
좀 더 분발해야 해.

단어

どうせ[도오세] 기왕 責任感(せきにんかん)[세키닝깡] 책임감 覆水盆(ふくすいぼん)に返(かえ)らず[후끄스이본니카에라즈] 엎어진 물은 다시 담을 수 없다 最善(さいぜん)を尽(つ)くす[사이젱오츠쿠스] 최선을 다하다

대화문 ❷

신 빠이시나 이 데 구다 사 이.
しんぱい
A 心配しないでください。

지 붕데 잇 따 코 또니 와 세키닝 오 모 찌 마 스.
じぶん い せきにん も
自分で言ったことには責任を持ちます。

하 이, 신 지 떼 이 마 스.
しん
B はい、信じています。

야마 다 상 노 아토 오 시 노 오 카 게 데,
やまだ あとお
A 山田さんの後押しのおかげで、

못 또 지 싱 가 와 이 떼 끼 마 스.
じしん
もっと自信がわいてきます。

세이코오 오 오 이노리 시 마 스.
せいこう いの
B 成功をお祈りします。

A 걱정하지 마세요. 제가 한 말에는 책임을 집니다.
B 네, 믿습니다.
A 야마다 씨의 지지가 있기에 제가 자신이 더 생기네요.
B 성공을 기원합니다.

PLUS

스 바 라 시 이 데 스 네.
す ば
素晴らしいですね。
멋지군요.

단어

せきにん も / しん
責任を持つ[세키닝오모쯔] 책임을 지다　信じる[신지루] 믿다
あとお / じしん
後押し[아토오시] 지지　自信[지싱] 자신

64 상황을 보면서 정하자고 할 때

와따시타 찌, 마 즈 요오스 오 미떼 까 라
わたし ようす み
私たち、まず様子を見てから
모 오 이치 도 키메 마 쇼 오.
いちど き
もう一度決めましょう。
우리 우선 상황을 보고 다시 결정해요.

관련 표현

마 즈 윈 도우 숏 핑 그 오 시떼 까 라
まずウィンドウショッピングをしてから
카 우까 키 메 마 쇼 오.
か き
買うか決めましょう。
우선 아이쇼핑하고 나서 살지 결정해요.

난 까 쇼까 못 또마왓 떼 미 떼,
なんかしょ まわ
何箇所かもっと回ってみて、
고 노 헤 야 니 스 루 까 키 메 마 쇼 오.
へや き
この部屋にするか決めましょう。
몇 군데 더 다녀보고, 이 방으로 할지 다시 결정해요.

Tip

'~합시다'라는 제안, 권유 표현은 ます형 + ましょう로 나타낸다.

대화문 1

아나따, 모오스그브랏 끄후라이데-나노니

A あなた、もうすぐブラックフライデーなのに

잇따이이 쯔후렌 치도아 노레에조오꼬 카우노?

一体(いったい)いつフレンチドアの冷蔵庫(れいぞうこ)買(か)うの？

모-춋 또사가시떼미떼카라 키메요우.

B もうちょっと探(さが)してみてから決(き)めよう。

토니까꾸이치넨니 이치도다께 항가꾸데 카에루

A とにかく一年(いちねん)に一度(いちど)だけ半額(はんがく)で買(か)える

찬스오 미노가시따꾸나이와.

チャンスを見逃(みのが)したくないわ。

와깟떼루!

B 分(わ)かってる！

A 여보, 곧 블랙프라이데이인데 우리 도대체 양문 냉장고 살 거예요?

B 좀 더 찾아보고 결정해요.

A 아무튼 1년에 한 번 있는 반 가격에 살 수 있는 기회를 놓치고 싶지 않아요.

B 알고 있어!

PLUS *(권유나 허락의 요구에 긍정할 때)

에에 도오조.	하이 도오조.
ええ、どうぞ。	はい、どうぞ。
예, 그렇게 하세요.	네, 그렇게 하십시오.

단어

もうすぐ[모오스그] 이제 곧, 머지않아 一体(いったい)[잇따이] 도대체 冷蔵庫(れいぞうこ)[레에조꼬] 냉장고 探(さが)す[사가스] 찾다 とにかく[토니까끄] 어쨌든 半額(はんがく)[항가꾸] 반액 チャンスを見逃(みのが)す[찬스오미노가스] 기회를 놓치다

도 오 데 스? 코 노 헤 야, 만 조꾸데 스 까?
A どうです？ この部屋(へや)、満足(まんぞく)ですか。

이 이 데 스 네. 타 다.
B いいですね。ただ、

히 아따 리 가 춋 또 요꾸나 이 데 스 네.
日当(ひあ)たりがちょっと良(よ)くないですね。

히로꾸 떼 코오쯔으모 벤 리 데 스 시.
A 広(ひろ)くて交通(こうつう)も便利(べんり)ですし、

고 노 네 당 데 와 카 에 마 셍 요.
この値段(ねだん)では買(か)えませんよ。

와따시타치.
B 私(わたし)たち、

모 오 스꼬시 캉가 에 떼 미 떼 까 라 마 따 키 메 마 쇼.
もう少(すこ)し考(かんが)えてみてからまた決(き)めましょう。

A 어때요? 이 방 만족해요?
B 괜찮네요. 단지 채광이 좀 좋지 않네요.
A 넓고 교통이 편리하고, 이 가격에서는 살 수 없어요.
B 우리 우선 생각 좀 해보고 다시 결정해요.

PLUS

키 메 루 마에니 모— 이찌도 요 꾸 캉가 에떼 미 떼 구다 사 이.
決(き)める前(まえ)にもう一度(いちど)よく考(かんが)えてみてください。
정하기 전에 다시 한번 생각해 보세요.
↳ ~てみてください: ~해보십시오

단어

部屋(へや)[헤야] 방 ただ[타다] 다만, 단지 日当(ひあ)たりが良(よ)い[히아따리가요이] 채광이 좋다 広(ひろ)い[히로이] 넓다, 크다 値段(ねだん)[네당] 가격

65 이미 지난 일은 잊으라고 할 때

스기 삿 따코또와 와스레마쇼.
過(す)ぎ去(さ)ったことは忘(わす)れましょう。
이미 지난 일은 잊어요.

관련 표현

요꾸나이 코또와 와스레마쇼.
良(よ)くないことは忘(わす)れましょう。
좋지 않은 일은 잊어버리세요.

운노 와루이 코또와 와스레따 호오가 이이데스요.
運(うん)の悪(わる)いことは忘(わす)れた方(ほう)がいいですよ。
재수 없는 일은 잊어버리는 것이 좋겠어요.

PLUS

요로꼰 데.
喜(よろこ)んで。
기꺼이.

↳「よろこんで」는 동사인「よろこぶ」에 접속조사「て」가 이어진 형태로 부사처럼 쓰인다. 즉, 우리말의「기꺼이」의 뜻으로 상대의 요구나 부탁을 즐거운 마음으로 승낙을 할 때 쓰이는 표현이다.

대화문 1

모 오 스 기 삿 따 코 또 와 와스레 따 호오 가 이 이 데 스 요.

A もう過(す)ぎ去(さ)ったことは忘(わす)れた方(ほう)がいいですよ。

로꾸넹캉 츠 키 앗 떼 따 하츠코이노 코 또 오

B 6年間(ねんかん)付(つ)き合(あ)ってた初恋(はつこい)のことを

와스레 루 노 와 간 딴 쟈 나 인 데 스.

忘(わす)れるのは簡単(かんたん)じゃないんです。

오 봉 야스 미 노 토끼니 잇 빠꾸후츠 카 데 지 뗀 샤 료 꼬오,

A お盆休(ぼんやす)みの時(とき)に一泊二日(いっぱくふつか)で自転車旅行(じてんしゃりょこう)、

도 오 데 스?

どうです？

이 이 데 스 네! 와따시모 키 붕 뗑 깡 시 따 이 데 스.

B いいですね！私(わたし)も気分転換(きぶんてんかん)したいです。

A 지난 일은 잊어버리는 것이 좋겠어요.
B 6년을 사귄 첫사랑을 잊어버리는 것이 쉽지 않아요.
A 추석 연휴를 이용해서 1박2일로 자전거 여행 어때요?
B 좋아요! 저도 기분을 전환하고 싶네요.

PLUS

옷 샤 루 토 오 리 니 시 마 스.

おっしゃるとおりにします。

말씀하신 대로 하겠어요.

↳ 상대의 요구나 제안 따위를 분부대로 따르겠다고 말할 때 쓰이는 표현으로서, 「~とおりに」는 다른 말에 접속하여 「~대로」의 뜻을 나타낸다.

단어

忘(わす)れる[와스레루] 잊어버리다　付(つ)き合(あ)う[츠키아우] 사귀다　初恋(はつこい)[하츠코이] 첫사랑
気分転換(きぶんてんかん)[키붕뗑깡] 기분 전환

대화문 2

아 나 따, 와따시타 찌 노 이에 가 코 오 얏 떼
わたし いえ
A あなた、私たちの家がこうやって

미즈노 아와니 낫 챳 따 노?
みず あわ
水の泡になっちゃったの？

스 기 삿 따 코 또 와 와스레 떼 시 마 오 오.
す さ わす
B 過ぎ去ったことは忘れてしまおう。

데 모, 와따시와 키 붕 가 요꾸나 이 와.
わたし き ぶん
A でも、私は気分がよくないわ。

소 노 호오 가 보끄타 찌 니 톳 떼 이 이 까 라 다 요.
ほう ぼく
B その方が僕たちにとっていいからだよ。

A 여보, 우리 집이 이렇게 물거품이 된 거예요?
B 이미 지난 일은 잊어버려요.
A 그렇지만 저는 기분이 좋지 않아요.
B 그러는 게 우리에게 좋아서 그래.

Tip

'~에게 있어서'는 にとって로 표현할 수 있다.

단어

水の泡になる(みず あわ)[미즈노아와니나루] 물거품이 되다 こと[코또] 일, 것

でも[데모] 그럴지라도, 그렇더라도 気分(きぶん)[키붕] 기분

66 좀 더 생각해보자고 할 때

와따시타찌, 모오 스꼬시 캉가에떼미마쇼오.

私(わたし)たち、もう少(すこ)し考(かんが)えてみましょう。

우리 좀 더 생각해봐요.

관련 표현

와따시타찌, 모오이찌도다께 캉가에떼미마쇼.

私(わたし)たち、もう一度(いちど)だけ考(かんが)えてみましょう。

우리 다시 잘 생각해봐요.

모오이찌도요꾸 캉가에떼미떼구다사이.

もう一度(いちど)よく考(かんが)えてみてください。

다시 한 번 잘 생각해 보세요.

PLUS

가시꼬마리마시따.

かしこまりました。

알겠습니다.

대화문 1

고 노 코또와 코오얏 떼 키 마 리 마 시따.
A このことはこうやって決(き)まりました。

와따시타찌, 모 오 이찌 도 다 께 캉가 에 떼 미 마 쇼.
B 私(わたし)たち、もう一度(いちど)だけ考(かんが)えてみましょう。

나니 오마 따 캉가에 룬 데 스 까.
A 何(なに)をまた考(かんが)えるんですか。

이에오 카 우 코 또와 쥬우요오나 코 또데 스 까 라
B 家(いえ)を買(か)うことは重要(じゅうよう)なことですから、

신 쵸오니 캉가에 나 이 또.
慎重(しんちょう)に考(かんが)えないと。

A 이 일은 이렇게 정해졌어요.
B 우리 다시 더 생각해봐요.
A 뭘 또 생각해요?
B 집을 사는 것은 중요한 일이니까 신중하게 생각을 해야지요.

Tip

ない형 + と = ~해야지(요)

일반적으로 ない형에 と가 붙으면 '~하지 않으면'이라는 뜻이 되지만 회화에서 'ない형 + と' 표현이 문장 맺음말로 쓰이면 '~해야지(요)'로 쓰인다.

하야쿠고 항 타베 나 이 또
예) 早(はや)くごはん食(た)べないと。
빨리 밥 먹어야지.

단어

決(き)まる[키마루] 정해지다, 결정되다 もう[모오] 더, 이 위에 또 一度(いちど)[이찌도] 한번, 한차례 慎重(しんちょう)に[신쵸오니] 신중하게

와따시타찌, 모 오 이찌 도 캉가 에 떼 미 마 스.
A 私(わたし)たち、もう一度(いちど)考(かんが)えてみます。

와까모노타 치 노 키 쿄오 와 돈 나 코 또 오 에라 브 까 가 도 떼 모 쥬우요오 데 스 요.
B 若者(わかもの)たちの起業(きぎょう)はどんなことを選(えら)ぶかがとても重要(じゅうよう)ですよ。

소 오 데 스 네. 카엣 떼 까 라 도모다찌 토 키 친 또 하나시 앗 따 아또, 마 따 오 고따에 시 마 스.
A そうですね。帰(かえ)ってから友達(ともだち)ときちんと話(はな)し合(あ)った後(あと)、またお答(こた)えします。

와 까 리 마 시 따. 마 따 아 이 마 쇼 오.
B 分(わ)かりました。また会(あ)いましょう。

A 저희 다시 생각해볼게요.
B 젊은이들이 창업을 할 때 어떤 것을 선택하는지가 매우 중요해요.
A 맞아요, 돌아가서 친구와 잘 상의를 하고 난 후에 다시 답 드릴게요.
B 그래요, 다음에 다시 보길 바랍니다.

PLUS
마 따 이 즈 레 치 까 이 우 찌 니 마 따 아 이 마 쇼 오.
またいずれちかいうちにまた会(あ)いましょう。
언제 가까운 시일에 또 만납시다.

단어

起業(きぎょう)[키교오] 창업 選(えら)ぶ[에라브] 선택하다 話(はな)し合(あ)う[하나시아우] 상의하다 お答(こた)えする[오고따에스루] 답을 드리다

67 건강 조심하라고 할 때 1

오 까라다니 오 키 오 츠 케 떼 구 다 사 이.

からだ き つ

お体にお気を付けてください。

건강을 주의하세요.

관련 표현

후유 데 스 노 데,

ふゆ

冬ですので、

카 제 니 키 오 츠 께 떼 구 다 사 이.

かぜ き つ

風邪に気を付けてください。

겨울인데 감기 조심하세요.

안 젠 니 츄우 이 시떼 구 다 사 이.

あんぜん ちゅうい

安全に注意してください。

안전에 주의하세요.

Tip

かぜ かぜ

風邪와 風는 둘다 발음이 같지만 절대 혼동해서는 안 된다. 전자는 '감기'이고 후자는 '바람'이다.

대화문 1

모 시 모 시, 세 나! 후유난 다 까 라,
ふゆ
A もしもし、せな！冬なんだから、

카 제 니 키 오 츠 케 떼.
かぜ き つ
風邪に気を付けて。

응, 지 깐 떼 하야이 와!
じかん はや
B うん、時間って速いわ！

앗 또 이 우 마 니 넨 마 쯔 다 난 떼.
ま ねんまつ
あっという間に年末だなんて。

소 오 네, 토끼노 나가 레 와 토 메 라 레 나 이 와.
とき なが と
A そうね、時の流れは止められないわ。

오 까아 상, 토시 모 돗 떼 루 까 라 켕 꼬오 니
かあ とし と けんこう
B お母さん、年も取ってるから健康に

키 오 쯔 께 떼 타이 헨 나 코 또 와 시 나 이 데 네.
き つ たいへん
気を付けて、大変なことはしないでね。

A 여보세요, 세나! 겨울인데 감기 조심해.
B 응, 시간이 정말 빠르네! 눈 깜짝할 새에 연말이 왔어.
A 그러게, 시간은 멈출 수가 없으니까.
B 엄마, 나이도 많으신데 건강 조심하고, 피곤한 일은 하지 마.

Tip

우리나라의 가족 문화와 달리 일본에서는 가족끼리 존댓말을 사용하지 않고 모두 반말을 사용한다.

단어

ふゆ 冬[후유] 겨울 ねんまつ 年末[넨마쯔] 연말 とき 時[토끼] 시간, 시각 なが 流れ[나가레] 흐름 けんこう 健康[켕꼬오] 건강 き つ 気を付ける[키오쯔께루] 조심하다, 주의하다

카이가이데 노 히또리 구 라시 난 다 까 라,
かいがい ひとり ぐ
A 海外での一人暮らしなんだから、

카라다니 키 오 쯔 께 루 노 요!
からだ き つ
体に気を付けるのよ！

오 까아 상, 지 붕데 찬 또 키 오 츠 께 루 까 라.
かあ じぶん き つ
B お母さん、自分でちゃんと気を付けるから。

나니 까 앗 따 라 뎅 와 스 루 노 요,
なに でんわ
A 何かあったら電話するのよ、

히또리 데 쿠 요 쿠 요 시 나 이 데.
ひとり
一人でくよくよしないで。

응, 오 또오 상, 오 까아상 모 까라다니 키 오 츠 께 떼!
とう かあ からだ き つ
B うん、お父さん、お母さんも体に気を付けて！

A 해외에 나가서 혼자 생활하는데 꼭 건강을 주의해야 돼!
B 엄마, 스스로 잘 관리할게.
A 무슨 일 있으면 전화하고, 혼자서 끙끙거리지 말고.
B 응, 아빠, 엄마도 건강 조심하시고요.

Tip

'~ないで'는 일반적으로 문장 중간에 쓰일 때 '~하지 않고'라는 의미로 쓰이지만, 문장 맺음말로 쓰이면 '~하지마'처럼 명령문에 가까운 어조로 쓸 수 있다.

단어

海外(かいがい)[카이가이] 해외 一人暮らし(ひとりぐ)[히또리구라시] 자취, 혼자서 생활하는 것
くよくよする[쿠요쿠요스루] 끙끙대다

68

(멀리 떠나는 사람에게) 건강 조심하라고 할 때 2

오 카라다니 오 키 오 쯔 께 구 다 사 이.

からだ き つ
お体にお気を付けください。

건강 조심하세요.

관련 표현

켕 꼬오 가 이치 방 데 스 요.

けんこう いちばん
健康が一番ですよ。

건강이 제일입니다.

코꼬로노 켕 꼬오 모다이 지 데 스.

こころ けんこう だいじ
心の健康も大事です。

정신 건강도 중요합니다.

PLUS

하야 네 하야 오 끼 와 겡 꼬오 노 모또데 스.

はや ね はや お けんこう もと
早寝早起きは健康の元です。

일찍 자고 일찍 일어나는 것이 건강의 비결입니다.

대화문 1

오 카라다니오 키오쯔 께구다사이.
A お体(からだ)にお気(き)をつけください。

아리가또오고자이마스. 보꾸노 코또와 신빠이
B ありがとうございます。僕(ぼく)のことは心配(しんぱい)

시나이데구다사이. 츠이따라 뎅와시마스네.
しないでください。着(つ)いたら電話(でんわ)しますね。

와까리마시따. 오키오츠케떼.
A 分(わ)かりました。お気(き)をつけて。

지캉가아레바이쯔데 모아소비니 키떼 구다사이.
B 時間(じかん)があればいつでも遊(あそ)びに来(き)てください。

A 건강 조심하고요.
B 고맙습니다. 저 걱정하지 마세요. 도착하면 전화할게요.
A 알겠어요. 조심히 들어가세요.
B 시간이 되면 언제든지 놀러 오세요.

Tip

ます형 + には '~하러'라는 표현이다.
てくださいは て형의 활용 표현으로, '~해주세요, ~하세요'라는 의미이다.

단어

心配(しんぱい)する[신빠이스루] 염려하다 着(つ)く[츠쿠] 도착하다 いつでも[이쯔데모] 언제라도, 어느 때라도 遊(あそ)ぶ[아소부] 놀다

콘 나 니 토오꾸마 데 아 이 니 키 떼 쿠 레 떼 아 리 가 또 오.

A こんなに遠(とお)くまで会(あ)いに来(き)てくれてありがとう。

센 세에 와 보꾸가 못또 모 송 케에 시 떼 이 루 센 세에 데 스 까 라,

B 先生(せんせい)は僕(ぼく)が最(もっと)も尊敬(そんけい)している先生(せんせい)ですから、

토오 젠 데 스.

当然(とうぜん)です。

키 오 츠 케 떼 카엣 떼 네.

A 気(き)をつけて帰(かえ)ってね。

오 다이 지 니 나 삿 떼 구 다 사 이.

B お大事(だいじ)になさってください。

A 이렇게 멀리까지 보러 와서 고마워!
B 선생님은 제가 가장 존경하는 선생님이니까 당연한 거죠.
A 돌아갈 때 길 조심하고.
B 몸조리 잘 하세요.

도 오 조 오 다이 지 니.

どうぞお大事(だいじ)に。

몸조리 잘하세요.

단어

遠(とお)く[토오꾸] 먼 곳, 멀리　最(もっと)も[못또모] (무엇보다도) 가장

尊敬(そんけい)する[송케이스루] 존경하다

69 새치기하지 말라고 할 때

와 리 꼬마 나 이 데 구 다 사 이.

わ こ

割り込まないでください。

새치기하지 마세요.

관련 표현

고 꼬 와 코오쿄오 노 바 데 스 까 라,

こうきょう ば

ここは公共の場ですから、

오오 끼 나 코에데 사와가 나 이 데 구 다 사 이.

おお こえ さわ

大きな声で騒がないでください。

이곳은 공공장소이기 때문에, 큰 소리로 떠드시면 안돼요.

타 바 코 오 스 와 나 이 데 구 다 사 이.

す

タバコを吸わないでください。

흡연을 하지 마세요.

이유를 나타낼 때에는 から, ので 등을 사용할 수 있다. 전자는 보다 주관적 이유, 후자는 객관적 이유를 나타낼 때 사용된다.

와 리 꼬 마 나 이 데 구 다 사 이!
A 割(わ)り込(こ)まないでください！

스 미 마 셍, 삿 끼 토 이 레 니 잇 떼 키 딴 데 스.
B すみません、さっきトイレに行(い)ってきたんです。

소 오 닷 딴 데 스 네. 도 오 모 스 미 마 셍.
A そうだったんですね。どうもすみません。

다이 죠오 부 데 스 요.
B 大丈夫(だいじょうぶ)ですよ。

A 새치기하지 마세요!
B 죄송해요, 제가 방금 화장실 갔었어요.
A 그랬군요! 죄송합니다.
B 아닙니다.

Tip

どうもすみません(죄송합니다)에서 どうも는 すみません을 강조해주는 표현으로, '정말' 정도로 해석할 수 있다. どうもありがとうございます(참으로 고맙습니다), どうも失礼(しつれい)しました(매우 실례했습니다) 등 다양한 표현에 사용될 수 있다. 이외에도 '어쩐지, 아무래도'라는 의미도 가지고 있다는 것도 알아두자. 예를 들면, どうもおかしい(아무래도 이상하다), どうも様子(ようす)が変(へん)だ(어쩐지 상태가 이상하다), どうも熱(ねつ)があるらしい(아무래도 열이 있는 것 같다) 등이 있다.

단어

割(わ)り込(こ)む[와리꼬무] 새치기하다 さっき[삿끼] 아까, 조금 전 トイレ[토이레] 화장실

대화문 2

아 노, 마에노 카따, 와 리 꼬 마 나 이 데 구 다 사 이 요.
A あの、前(まえ)の方(かた)、割(わ)り込(こ)まないでくださいよ!

혼 또오니 료오 심 모 나 이 데 스 네!
B 本当(ほんとう)に良心(りょうしん)もないですね!

키 꼬 에 나 이 후 리오 시 떼.
聞(き)こえないふりをして。

보꾸가 히또코또 잇 떼 끼 마 스.
A 僕(ぼく)が一言(ひとこと)言(い)ってきます。

이 이 데 스, 이 이 데 스, 안 나 니 마 나- 모
B いいです、いいです、あんなにマナーも

미 니 츠 케 떼 나 이 히또가 이 루 난 떼.
身(み)に着(つ)けてない人(ひと)がいるなんて。

A 저기요, 앞의 분, 새치기하지 마세요!
B 정말 양심도 없네요! 못 들은 척하고 있어요.
A 제가 한마디하고 올게요.
B 됐어요, 됐어요, 저렇게 매너가 몸에 안 밴 사람이 있다니.

Tip

동사 기본형 + ふりをする는 '~하는 척하다'이다. 대표적인 표현이 知(し)らないふり／知(し)らんぷりをする가 있다. 두 표현 모두 '알면서도 모르는 체하다, 시치미떼다'라는 뜻이다. 한편 후자는 회화에서만 쓰이는 표현이다.

단어

方(かた)[카따] 쪽, 편 良心(りょうしん)[료오심] 양심 一言(ひとこと)[히또코또] 한 마디 말 マナー[마나-] 매너 着(つ)ける[츠케루] 대다, 갖다 붙이다

70

갑자기 말하다가 주제를 벗어났을 때

혼 다이까 라 토오자 카 리마 시 따.

ほんだい　とお
本題から遠ざかりました。

삼천포로 빠졌어요.

관련 표현

혼 다이까 라 토오자 카 리마 시따 요.

ほんだい　とお
本題から遠ざかりましたよ。

테ー 마가 리까이데 키 떼 이 마셍 네.

り かい
テーマが理解できていませんね。

삼천포로 빠졌어요. 주제에 대해 이해를 하지 못했네요.

혼 시쯔카 라하즈레 마시따 요. 싯 떼 이 마 스 까?

ほんしつ　はず　し
本質から外れましたよ。知っていますか。

삼천포로 빠졌어요. 알고 있나요?

요 꾸 와 까 라 나 이 노 데 스.

わ
よく分からないのです。

잘 모르겠어요.

とお
遠ざかる: 멀어지다

대화문 1

센 세에, 보꾸노 카 이 따 레 포- 또, 이 까 가 데 시 따 까?
せんせい　ぼく　か
A 先生、僕の書いたレポート、いかがでしたか。

아 마 리 요 꾸 나 깟 따 와.
よ
B あまり良くなかったわ。

혼 다이까 라 토오자 캇 떼 따 요.
ほんだい　とお
本題から遠ざかってたよ。

소 오 데 스 까?
A そうですか。

테- 마 가 리 까이데 키 떼 이 나 깟 따 요.
り かい
B テーマが理解できていなかったよ。

A 선생님, 제가 쓴 작문 어때요?
B 그다지 좋지 않았어. 주제를 벗어났어.
A 그래요?
B 주제를 이해하지 못했어.

Tip

'いかがですか'를 직역하면 '어떠십니까'라는 뜻이 되는데, 'どうですか'(어때요?) 보다는 더욱 공손한 표현으로 통한다.

단어

レポート[레포-또] 리포트　本題(ほんだい)から遠(とお)ざかる[혼다이까라토오자카루] 주제를 벗어나다　テーマ[테-마] 주제

샤 쵸오, 쿄오 노 카이 기 데 노 와따시노 핫 뽀오,
しゃちょう きょう かいぎ わたし はっぴょう
A 社長、今日の会議での私の発表、

이 까 가 닷 따 데 쇼 오 까.
いかがだったでしょうか。

키 무라상 와 도 오 닷 따 또 오모이 마 스?
きむら おも
B 木村さんはどうだったと思います？

마 다 마 다 다 또 오모이 마 스.
おも
A まだまだだと思います。

혼 시쯔까 라 춋 또 하즈레 떼 이 따 까 나.
ほんしつ はず
B 本質からちょっと外れていたかな。

A 사장님, 오늘 회의에서의 발표 어떠셨는지요?
B 키무라 씨 생각은 어땠나요?
A 아직 부족한 부분이 많은 것 같습니다.
B 본질에서 좀 벗어났던 것 같네.

Tip

일본어에는 겸손한 표현들이 많다. 예를 들어, 만약 '日本語上手(にほんごじょうず)ですね。'(일본어 잘 하시네요.) 라고 칭찬을 받은 경우에는 보통 손사레를 치며 'いいえ、まだまだです…。'(아니에요. 아직 멀었어요.)라고 표현하는 경우가 대부분이다.

단어

社長(しゃちょう)[샤쵸오] 사장 会議(かいぎ)[카이기] 회의 発表(はっぴょう)[핫뾰오] 발표 本質(ほんしつ)[혼시쯔] 본질

일상

일상생활을 하다 보면 많은 일들을 겪게 됩니다. 때로는 기쁘고 즐겁고, 때로는 힘들고 우울한 일상을 보내기도 합니다.

일상에서 자주 쓰는 표현을 정리해보았습니다.

71 위로해줄 때

감 밧 떼. 킷 또우 마 꾸이 꾸요.
がんば うま い
頑張って。きっと上手く行くよ。

파이팅, 분명 잘될 거야.

관련 표현

다이죠오 부, 감 밧 떼. 킷 또 우 마 꾸이 꾸요.
だいじょうぶ がんば うま い
大丈夫、頑張って。きっと上手く行くよ。

괜찮아, 힘내, 분명 잘될 거야.

다이죠– 부, 화 이 또! 젯 따이니 우 마 꾸이 꾸요.
だいじょうぶ ぜったい うま い
大丈夫、ファイト!絶対に上手く行くよ。

괜찮아, 파이팅! 꼭 잘될 거야.

PLUS

사 아, 겡 끼오 다 시떼.
げんき だ
さあ、元気を出して。

자, 힘을 내요.

Tip

'ファイト'라는 표현은 일본어로 '파이팅'인데, 실제로 우리나라에서 응원할 때 '파이팅'이라는 말을 쓰듯이 일본에서도 'ファイト'라는 표현을 많이 사용한다.

대화문 1

콘 까이노 멘 세쯔, 마 따 오 치 따. 도 오 시 요 오…
こんかい めんせつ お
A 今回の面接、また落ちた。どうしよう…。

와따시모슈우카쯔스 루 토 끼,
わたし しゅうかつ
B 私も就活するとき、

멘 세쯔나나,하치까이우께 떼 까 라 야 또 우깟 따 요.
めんせつ かい う う
面接7, 8回受けてからやっと受かったよ。

혼 또오?
ほんとう
A 本当？

혼 또오. 감 밧 떼! 젯 따이니 우 마 꾸 이 꾸 요.
ほんとう がんば ぜったい う ま い
B 本当。頑張って! 絶対に上手く行くよ。

A 이번 면접에 또 떨어졌어. 어떡하지….
B 나도 취직 준비할 때 면접 7, 8번 하고 나서 겨우 붙었어.
A 정말?
B 정말이야. 파이팅! 꼭 잘될 거야.

Tip

どうしよう는 '어떡하지'라는 의미이다. 한편, どうしようもない는 '어쩔 수 없다, 속수무책이다'라는 표현이다. どうしようもないんじゃない？(어쩔 수 없는 거 아니야?)라는 문장이 회화에 자주 쓰인다.

단어

めんせつ 面接[멘세쯔] 면접　しゅうかつ 就活[슈우카쯔] 취업 준비　ぜったい 絶対に[젯따이니] 반드시

대화문 2

다이죠오 부. 감 밧 떼. 킷 또 우 마꾸 이 꾸 요.
だいじょうぶ がんば うま い
A 大丈夫。頑張って。きっと上手く行くよ。

데 모, 와따시, 즛 또 싯빠이 시 떼 바 까 리 이 루 요.
わたし しっぱい
B でも、私、ずっと失敗してばかりいるよ。

시 고또 와 미 츠 까 라 나 꾸떼 모 이 이 요.
しごと み
A 仕事は見つからなくてもいいよ。

아 나 따 가와따시노 코 또 오나구사메 떼 쿠 레 루 노 와 요 꾸
わたし なぐさ
B あなたが私のことを慰めてくれるのはよく

와 깟 떼 이 루 와. 아 리 가 또 오, 이 쯔 모.
わ
分かっているわ。ありがとう、いつも。

A 괜찮아. 힘내. 분명 잘될 거야.
B 그렇지만 난 실패만 계속하고 있는걸.
A 일 못 찾아도 괜찮아.
B 당신이 날 위로해주는 거 잘 알아. 항상 고마워.

Tip

ばかり의 의미는 굉장히 다양하다. 동사 기본형 + ばかりだ는 '~하기만 하다, ~하기만 하면 된다'이며, 동사 과거형 + ばかりに는 '~한 탓에, ~한 바람에'라는 의미이다. 그리고 て형 + ばかりいる가 바로 본문에 쓰인 '~하기만 하다'라는 표현이다.

단어

頑張る(がんば)[감바루] 참고 노력하다 きっと[킷또] 꼭, 반드시 失敗(しっぱい)[싯빠이] 실패
慰める(なぐさ)[나구사메루] 위로하다

72 어디가 아픈지 물을 때

도 꼬 까 와루인 데 스 까?

どこか悪(わる)いんですか。

어디가 불편하신가요?

관련 표현

도 꼬가 이따이 데 스 까?

どこが痛(いた)いですか。

어디가 아프시죠?

도 오시딴 데 스 까?

どうしたんですか。

왜 그러는데요?

PLUS

고 키 분 데 모 와루 인 데 스 까?

ご気分(きぶん)でも悪(わる)いですか。

어디 편찮으세요?

Tip

'왜 그러는데요?'라는 표현을 할 때에는 '왜'를 직역한 'なんで'가 아닌 'どうしたんですか。'를 써야 한다. 회화에서 많이 쓰이는 표현이지만 그만큼 헷갈리는 표현이니 자연스럽게 나오게 암기하도록 하자.

대화문 1

도 오 시 딴 데 스 까?
A どうしたんですか。

오 이 샤 상, 와따시, 키 노오 노 요루까 라 하 키 소 오 데,
B お医者(いしゃ)さん、私(わたし)、昨日(きのう)の夜(よる)から吐(は)きそうで、

하 키 케 가 스 룬 데 스.
吐(は)き気(け)がするんです。

케츠에끼 켄 사 오 시 따 호오 가 이 이 데 스 네.
A 血液検査(けつえきけんさ)をした方(ほう)がいいですね。

쵸오 엔 노 카 노오세에가 타까 이 데 스.
腸炎(ちょうえん)の可能性(かのうせい)が高(たか)いです。

에, 소 오 난 데 스 까?
B え、そうなんですか。

A 어디가 불편하시죠?
B 의사 선생님, 저 어제 저녁부터 토할 것 같고, 구역질이 나요.
A 혈액 검사를 하러 가는 편이 좋겠군요. 장염일 가능성이 높습니다.
B 아, 그렇습니까?

Tip

'~일 가능성이 높다'라고 할 때 '~の可能性(かのうせい)が高(たか)い'라고 표현하며, 조사는 の를 쓴다는 것을 기억해두자.

단어

吐(は)き気(け)[하키케] 구역질 血液検査(けつえきけんさ)[케츠에끼켄사] 혈액 검사 腸炎(ちょうえん)[쵸엔] 장염
可能性(かのうせい)[카노오세에] 가능성

도 꼬까 와루이 노?
A どこか悪(わる)いの?

오 까아상, 보꾸, 아따마가 이따 이 시, 사무 케 모 스 루.
B お母(かあ)さん、僕(ぼく)、頭(あたま)が痛(いた)いし、寒気(さむけ)もする。

카 제 히 이 챳 따 미 따 이 네.
A 風邪(かぜ)ひいちゃったみたいね。

토 리 아 에 즈 쿠스리오 노 모 오.
とりあえず薬(くすり)を飲(の)もう。

응, 와 깟 따.
B うん、分(わ)かった。

A 어디 불편하니?
B 엄마, 나, 머리도 아프고 오한이 있어.
A 감기인 거 같네. 우선 감기약 먹자.
B 응, 알겠어.

Tip

우리말로는 '약을 먹는다'라고 표현하기 때문에 일본어로 표현할 때 薬(くすり)を食(た)べる로 혼동하기 쉽다. 그러나 이는 잘못된 표현이며, 일본에서는 薬(くすり)を飲(の)む라고 표현한다는 것을 잊지 말자.

단어

頭(あたま)[아따마] 머리 痛(いた)い[이따이] 아프다 寒気(さむけ)がする[사무케가스루] 오한이 있다
とりあえず[토리아에즈] 우선 薬(くすり)を飲(の)む[쿠스리오노무] 약을 먹다

73 특별한 날에 무엇을 하는지 물을 때

슈-마츠 와 나니 오 시 마 스 까?
しゅうまつ　なに
週末は何をしますか。
주말에는 무엇을 하시나요?

관련 표현

야스미 노 히 니 와 나니 오 시 마 스 까?
やす　ひ　なに
休みの日には何をしますか。
휴가 때 무엇을 하시나요?

후 당, 슈-마츠 와 도 오 스 고 시 마 스 까?
ふだん　しゅうまつ　す
普段、週末はどう過ごしますか。
주말에는 평소에 어떻게 보내시나요?

PLUS
슈우마쯔 와 도 오 스 고 스 쯔 모 리 데 스 까?
しゅうまつ
週末はどうすごすつもりですか。
주말은 어떻게 보낼 예정입니까?

Tip

휴일, 휴가 등을 통틀어 休(やす)みの日(ひ)라고 하는 것이 자연스럽다.

후 당, 슈우마쯔와 도 오 스 고 시 마 스 까?
A 普段(ふだん)、週末(しゅうまつ)はどう過(す)ごしますか。

보끄와 슈우마쯔 니 운 도오 오 시 마 스.
B 僕(ぼく)は週末(しゅうまつ)に運動(うんどう)をします。

돈 나 운 도오 데 스 까?
A どんな運動(うんどう)ですか。

토 장 가 스 끼 난 데 스.
B 登山(とざん)が好(す)きなんです。

A 평소에, 주말은 어떻게 보내세요?
B 저는 주말에 운동을 해요.
A 무슨 운동이요?
B 등산하는 것을 좋아해요.

Tip

일본어에서 동사의 현재형은 현재의 동작, 가까운 미래, 그리고 습관 혹은 반복되는 일을 나타낸다. 본문처럼 평소 주말에 하는 습관을 현재형으로 묻고 대답할 수 있다.

단어

普段(ふだん)[후당] 평상시, 평소　どう[도오] 어떻게　過(す)ごす[스고스] 보내다
運動(うんどう)[운도오] 운동　登山(とざん)[토잔] 등산

대화문 2

슈- 마쯔와 나니오 시 마 스 까?

A 週末(しゅうまつ)は何(なに)をしますか。

코 도모노 멘 도오 오 미 따 리.

B 子供(こども)の面倒(めんどう)を見(み)たり、

카 조끄민 나 데 산 뽀 오 시따 리시 마 스.

家族(かぞく)みんなで散歩(さんぽ)をしたりします。

야사시 이 오 또오상 난 데 스 네!

A 優(やさ)しいお父(とう)さんなんですね！

톤 데모나이데스. 하 하 하!

B とんでもないです。ははは!

A 주말에 뭐하세요?

B 아이들을 돌보거나 가족이랑 산책을 가요.

A 자상한 아빠네요!

B 과찬이시네요. 하하하!

Tip

'~하거나 ~한다.'라고 나열할 때에는 ~たり를 쓴다.

단어

子供(こども)の面倒(めんどう)を見(み)る[코도모노멘도오오미루] 아이를 돌보다 散歩(さんぽ)[산뽀] 산책

優(やさ)しい[야사시이] 자상한

74 시간과 장소를 정하라고 할 때

지 캉 또 바 쇼 오 키메 떼 구다 사 이.

時間(じかん)と場所(ばしょ)を決(き)めてください。

시간과 장소를 정해주세요.

관련 표현

도 꼬데 아 우까 키 메 떼 구다 사 이.

どこで会(あ)うか決(き)めてください。

어디서 볼지 정해주세요.

도 꼬데 아소브 까 키 메 떼 구다 사 이.

どこで遊(あそ)ぶか決(き)めてください。

어디서 놀지 정해주세요.

Tip

て형 + くださいは '~해주세요'라는 표현이다.
사람을 만날 때에는 見(み)る(보다)가 아닌 会(あ)う(만나다)를 사용해야 하는 것에 주의하자.

ex 어디서 볼지 → どこで見(み)るか (X) どこで会(あ)うか (O)

대화문 1

슈우마쯔 니 도 꼬 데 아 에 바 이 이 데 쇼 오 까?
A 週末（しゅうまつ）にどこで会（あ）えばいいでしょうか。

지 깐 또 바 쇼 오 키 메 떼 쿠 레 마 스 까?
B 時間（じかん）と場所（ばしょ）を決（き）めてくれますか。

쟈 아, 킨 꼬오 니 히 쯔 마 부 시 데 모
A じゃあ、近郊（きんこう）にひつまぶしでも

타 베 니 이 끼 마 스?
食（た）べに行（い）きます？

이 이 데 스 네,
B いいですね、

에에요우 탓 뿌 리 노 히 쯔 마 부 시 오 타 베 마 쇼.
栄養（えいよう）たっぷりのひつまぶしを食（た）べましょう。

A 주말에 어디에서 만나면 될까요?
B 시간과 장소를 정해줄 수 있어요?
A 그럼 우리 근교에 히쯔마부시라도 먹으러 갈까요?
B 좋아요, 영양도 풍부한 히쯔마부시를 먹읍시다.

Tip

'~하러'라는 표현은 ます형 + に로 표현할 수 있다. 예를 들면, 勉強（べんきょう）しに(공부하러), 遊（あそ）びに(놀러), 映画（えいが）を見（み）に(영화 보러) 등으로 나타낼 수 있다.
ひつまぶし는 먹는 방법이 독특한 장어 덮밥으로, 일본 나고야의 향토요리이다.

단어

場所（ばしょ）[바쇼] 장소　決（き）める[키메루] 정하다, 결정하다　近郊（きんこう）[킨꼬오] 근교
でも[데모] ~라도　栄養（えいよう）[에이요우] 영양　たっぷり[탓뿌리] 듬뿍

대화문 ❷

콩 까이노 지 유우 료 꼬오,
こん かい じ ゆう りょ こう
A 今回の自由旅行、

지 깐 또 바 쇼 와 다 나까상 가 키 메 떼 구다 사이 네.
じ かん ば しょ た なか き
時間と場所は田中さんが決めてくださいね。

콘 슈우 노 슈우마쯔 와 도 오 데 스 까?
こんしゅう しゅうまつ
B 今週の週末はどうですか。

이 이 데 스 요,
A いいですよ、

짓 까 닷 따 라 슈쿠하쿠 히 와 세츠야꾸데 끼 마 스 요.
じっ か しゅく はく ひ せつ やく
実家だったら宿泊費は節約できますよ。

아키 니 후루 사토니 카에루 또우츠쿠시이 후우케에오
あき ふる さと かえ うつく ふう けい
B 秋に故郷に帰ると美しい風景を

미 라 레 마 스 요네.
み
見られますよね。

A 이번 자유여행 시간하고 장소는 다나카 씨가 정하세요.
B 이번 주말 어때요?
A 좋아요, 부모님 댁에 가면 숙박비는 절약할 수 있을 거예요.
B 가을에 고향에 가면 아름다운 풍경을 감상할 수 있죠.

Tip

と는 '~하면'이라는 의미의 가정, 조건을 나타내는 표현이다.
み み
見られます(볼 수 있습니다)는 見る(보다)의 가능형이다.

단어

じ ゆう りょ こう しゅく はく ひ せつ やく
自由旅行[지유우료꼬오] 자유여행 宿泊費[슈쿠하쿠히] 숙박비 節約する[세츠야꾸스루] 절약하다 うつく ふう けい 美しい風景[우츠쿠시이후우케에] 아름다운 풍경

75 시간과 장소 정할 때

아시따 노 요루시찌지 니 이에노 치카꾸 노
あした よる じ いえ ちか
明日の夜7時に家の近くの
카 훼 데 아이 마 쇼 오.
あ
カフェで会いましょう。
내일 저녁 7시에 집 근처 카페에서 만나요.

관련 표현

난 바 에끼치카 꾸 노 스 타 바 데 아 이 마 쇼 오.
なんば えきちか あ
難波駅近くのスタバで会いましょう。
난바역 근처 스타벅스에서 만나요.

우 치 노 치카 꾸 니 아따라시이 킷 사 뗑 가 데 끼딴
ちか あたら きっ さ てん
うちの近くに新しい喫茶店ができたん
데 스 께 도, 소 꼬데 아 우 노 와 도 오 데 스 까?
あ
ですけど、そこで会うのはどうですか。
저희 집 근처에 찻집이 새로 생겼는데, 거기서 보는 거 어때요?

PLUS

이 쯔 가 이 찌 방 쯔 고오 가 이 이 데 스 까?
つ ごう
いつがいちばん都合がいいですか。
언제가 가장 시간이 좋습니까? (都合: 형편, 상황, 상태, 사정)

Tip

일본에서는 スターバックス를 줄여서 スタバ라고도 한다.

난 지 니 도 꼬 데 아 이 마 쇼 오 까?
なんじ あ
A 何時にどこで会いましょうか。

아시따 노 요루시찌지니 야마 다 상 노 이에노 치카꾸 노
あした よる じ やまだ いえ ちか
B 明日の夜7時に山田さんの家の近くの

카 훼 데 아 이 마 쇼 오.
あ
カフェで会いましょう。

와 까 리마 시 따, 소 오 시 마 쇼 오.
わ
A 分かりました、そうしましょう。

마 따 아시따!
あした
B また明日！

A 우리 몇 시에 어디서 볼까요?
B 내일 저녁 7시에 야마다 씨 집 근처 커피숍에서 봐요.
A 알겠어요. 그렇게 합시다.
B 낼 봐요!

Tip

일본어에는 다양한 헤어짐의 인사 표현이 있다. またね、じゃあね、バイバイ、さようなら 등이다. またね、じゃあね、バイバイ는 평상시에 자주 보는 관계에서 가벼운 헤어짐의 인사로 쓰인다. 반면 さようなら는 당분간 보지 못하거나 먼 곳으로 떠나는 등의 상황인 상대에게 쓴다.

단어

近くの(ちか)[치카꾸노] 부근, 근처　カフェ[카훼] 카페, 커피숍
また明日(あした)[마따아시따] 내일 봐요

대화문 2

보꾸타 찌, 이 쯔 아 이 마 스 까?

A 僕(ぼく)たち、いつ会(あ)いますか。

우 치 노 치카꾸 니 아따라시이 카 훼 가 데 키 딴 데 스 께 도,

B うちの近(ちか)くに新(あたら)しいカフェができたんですけど、

스 고 꾸 훙 이 끼 가 이 인 데 스 요.

すごく雰囲気(ふんいき)がいいんですよ。

쟈 아, 아시따 노 요루시찌지니 오오타케상 노 이에 노

A じゃあ、明日(あした)の夜(よる)7時(じ)に大竹(おおたけ)さんの家(いえ)の

치카쿠 노 카 훼 데 아 이 마 쇼 오.

近(ちか)くのカフェで会(あ)いましょう。

하 이, 소 오 시 마 쇼 오.

B はい、そうしましょう。

A 우리 언제 볼까요?
B 우리 집 근처에 커피숍이 새로 생겼는데 엄청 분위기가 좋아요.
A 그럼, 우리 내일 저녁 7시에 오오타케 씨 집 근처 커피숍에서 봐요.
B 네, 그렇게 합시다.

Tip

'만나다'라는 의미를 나타낼 때에는 見(み)る가 아닌 会(あ)う를 사용한다. 예를 들어, '보고 싶다'라는 표현은 일본어로 会(あ)いたい라고 표현한다. 또한, 우리말로는 '~를 만나다'라고 하여 조사 を를 쓰기 십상이지만, ~に会(あ)う가 맞는 표현이다. 또한, 会(あ)う와 合(あ)う도 혼동하기 쉬운데, 전자는 어떤 대상을 만나는 것이고, 후자는 '들어맞다, 맞아 떨어진다'와 같은 의미이다.

단어

いつ[이쯔] 언제, 어느 때　うち[우치] 집　新(あたら)しい[아따라시이] 새로운
雰囲気(ふんいき)[훙이키] 분위기

76 불만을 표시할 때

와따시와 아 나 따 노 타이 도 니 후 망 데 스.
私(わたし)はあなたの態度(たいど)に不満(ふまん)です。
저는 당신의 태도가 불만스럽습니다.

관련 표현

와따시와 아 나 따 노 타이 도 니 쯔 이 떼
私(わたし)はあなたの態度(たいど)について
하나 시 따 이 코 또 가 아 리 마 스.
話(はな)したいことがあります。
저는 당신의 태도에 의견이 있습니다.

와따시와 아 나 따 노 타이 도 니 후 망 나
私(わたし)はあなたの態度(たいど)に不満(ふまん)な
토 꼬 로 가 아 리 마 스.
ところがあります。
저는 당신의 태도에 대해 불만스러운 부분이 있습니다.

*(불만스러울 때 자신도 모르게 나오는 소리)

쳇.
ちえっ。
쳇.

앗, 시 맛 따.
あっ、しまった。
아뿔사.

대화문 1

도오시떼즛 또뎅와니 데나인 데스까?
A どうして ずっと 電話(でんわ)に 出(で)ないんですか。

모리시따상 또하나스 코또난 떼아리마셍.
B 森下(もりした)さんと 話(はな)すことなんてありません。

보꾸가 잇따이나니오 마치가에딴 데스까?
A 僕(ぼく)が一体(いったい)何(なに)を間違(まちが)えたんですか。

고노 코또니 타이스루 모리시따상노 타이도니 후망데스.
B このことに対(たい)する森下(もりした)さんの 態度(たいど)に不満(ふまん)です。

A 왜 이렇게 계속 전화를 안 받아요?
B 모리시타 씨와 할 말 같은 건 없어요.
A 제가 도대체 무엇을 잘못했나요?
B 이 일에 대한 모리시타 씨의 태도에 불만이에요.

Tip

~なんては '~라고는, ~따위' 라는 말로 부정적인 뉘앙스를 나타낼 때 쓰는 표현이다.

단어

どうして[도-시떼] 어째서, 왜　ずっと[즛또] 쭉　話(はな)す[하나스] 이야기하다, 말하다
間違(まちが)える[마치가에루] 잘못하다　態度(たいど)[타이도] 태도　不満(ふまん)[후망] 불만

다나까상 노 타이도니 후 망나 도꼬로가 아리마스.
たなか たいど ふまん
A 田中さんの態度に不満なところがあります。

오꼬라 나이데, 몽 다이가 아루나라 잇 떼 구다사이!
おこ もんだい い
B 怒らないで、問題があるなら言ってください！

나니가 몽다이다 또 오모이 마스?
なに もんだい おも
A 何が問題だと思います？

와 까 라나이 까 라 키 이 떼 이 룬 데 스 요.
わ き
B 分からないから聞いているんですよ。

A 다나카 씨 태도에 불만스러운 점이 있어요.
B 화내지 말아요, 문제가 있으면 말해줘요!
A 뭐가 문제인 것 같아요?
B 제가 모르니까 물어보는 거죠.

PLUS

모 오 고 레 이죠오 다 에 라 레 나 이 요.
いじょう た
もうこれ以上耐えられないよ。
이제 더 이상 참을 수 없어.

단어

態度(たいど)[타이도] 태도　ところ[도꼬로] 데, 곳　怒る(おこる)[오코루] 화내다　問題(もんだい)[몽다이] 문제
言う(いう)[이우] 말하다　聞く(きく)[키쿠] 묻다

77

기분이 좋지 않다고 표현할 때

와따시와 사이 낑, 키 붕 가 요꾸나 인 데 스.

わたし さいきん きぶん

私は最近、気分がよくないんです。

저는 요즘 기분이 좋지 않아요.

관련 표현

와따시와 사이 낑, 스꼬시 무 카 츠 끄코 또가 아 리 마 스.

わたし さいきん すこ

私は最近、少しむかつくことがあります。

저는 요즘 좀 짜증나는 일이 있습니다.

제쯔보오떼끼나 기 분 다.

ぜつぼうてき きぶん

絶望的な気分だ。

절망적인 기분이야.

PLUS

와따시와 즛 또 카나 시 미 니 구 레 떼 이 루.

わたし かな

私はずっと悲しみにくれている。

나는 쭉 슬픔에 잠겼어.

Tip

'むかつく'는 '짜증나다'라는 뜻인데, '화나다'를 뜻하는 '怒る(おこ)'와는 엄연히 뉘앙스가 다르기 때문에 주의하자.

도 오 시떼 나니모 이 와 나 인 데 스 까?
なに い
A どうして何も言わないんですか。

사이 낑, 키 붕 가 요꾸나 인 데 스.
さい きん き ぶん
B 最近、気分がよくないんです。

도 오시딴 데 스 까?
A どうしたんですか。

카노 죠 또 와까 레 딴 데 스.
かの じょ わか
B 彼女と別れたんです。

A 왜 아무 말도 안 해요?
B 요즘 기분이 좋지 않아요.
A 무슨 일인데요?
B 여자친구랑 헤어졌어요.

PLUS

무네 가 하 리 사 께 루 오모 이 닷 따.
むね は さ おも
胸が張り裂ける思いだった。
가슴이 찢어지는 아픔이었어.

난 또 무 죠오 나!
む じょう
なんと無情な!
얼마나 무정한가!

단어

かのじょ
彼女[카노죠] 여자친구 わか
別れる[와까레루] 헤어지다

대화문 2

키 붕가 요꾸나사소오데스 네.
A 気分(きぶん)がよくなさそうですね。

하 이, 지쯔와 사이낑 춋 또무 까 츠 크
B はい、実(じつ)は最近(さいきん)ちょっとむかつく

코 또가 아 룬 데 스.
ことがあるんです。

와따시가오 타스 케 시 마 쇼 오 까?
A 私(わたし)がお助(たす)けしましょうか。

시 고또니 칸 스 루 코 또나 노 데…
B 仕事(しごと)に関(かん)することなので…。

A 기분이 좋지 않아 보이네요.
B 네, 실은 요즘 짜증나는 일이 있어서요.
A 제가 들어줄까요?
B 업무 관련 일이라….

PLUS
와따시노고꼬로노우찌 오 다레 니 모 와 까 라 나 이.
私(わたし)の心(こころ)の内(うち)を誰(だれ)にもわからない。
내 마음은 아무도 몰라.

단어

むかつく[무까츠크] 짜증 나는, 열 받는 助(たす)ける[타스케루] 도와주다 仕事(しごと)[시고또] 일

78 기분이 좋다고 할 때

와따시, 사이 낑 키 붕 가 이 이 데 스.

わたし さいきん きぶん

私、最近気分がいいです。

저 요즘 기분이 좋아요.

관련 표현

마 아, 우 레 시 이.

まあ、うれしい。

어머, 기뻐.

도 오시떼 손 나 니 키 붕 가 이 인 데 스 까?

きぶん

どうしてそんなに気分がいいんですか。

왜 그렇게 기분이 좋아요?

PLUS

얏 따 아!

やったあ!

됐다!

↳ 목표를 달성했거나 성공을 거둔 일에 대해서 감동을 나타내는 표현이다. 상대에게 말할 때는「よくやったね」라고 하면 된다.

대화문 1

쿄오 키 붕 가 요 사소 오 데 스 네!
きょう き ぶん
A 今日気分がよさそうですね！

사이 낑, 키 붕 가 이 이 데 스.
さい きん き ぶん
B 最近、気分がいいです。

도 오 시 떼 손 나 니 키 붕 가 이 인 데 스 까?
き ぶん
A どうしてそんなに気分がいいんですか。

보꾸노 카노 죠 가 쯔 이 니 보꾸노 프 로 포– 즈 니
ぼく かの じょ ぼく
B 僕の彼女がついに僕のプロポーズに

고따 에 떼 쿠레 딴 데 스.
こた
答えてくれたんです。

A 오늘 기분이 좋아 보이네요!
B 요즘 기분이 좋아요.
A 왜 그렇게 기분이 좋아요?
B 제 여자친구가 드디어 저의 청혼에 답을 해줬어요.

Tip

상대방이 나에게 무언가 해주었을 때의 '~해주다'는 'て형 + くれる(주다)'로 표현한다.

ついに는 '드디어, 마침내'라는 뜻으로 자주 사용되는 접속사이다.

단어

そんなに[손나니] 그렇게　ついに[츠이니] 드디어, 마침내, 결국　プロポーズ[프로포–즈] 프러포즈, 청혼　答える(こたえる)[고따에루] 답하다

대화문 2

와따시. 사이낑 키 붕 가 이 이 데 스.

A 私(わたし)、最近(さいきん)気分(きぶん)がいいです。

나니 까 이 이 코 또 가 앗 딴 데 스 까?

B 何(なに)かいいことがあったんですか。

오시에 떼 구 다 사 이!

教(おし)えてください！

쇼오 신 시 딴 데 스. 큐우료오 모 아 가 리 마 시 따!

A 昇進(しょうしん)したんです。給料(きゅうりょう)も上(あ)がりました！

혼 또오 데 스 까? 오 메 데 또 오 고 자 이 마 스!

B 本当(ほんとう)ですか。おめでとうございます！

A 저 요즘 기분이 좋아요.
B 무슨 기분 좋은 일이 있어요? 알려주세요!
A 저 승진했어요. 월급도 올랐어요!
B 정말요? 축하해요!

PLUS 소 레 와 요 깟 따 데 스 네.

それはよかったですね。

그거 다행이군요.

단어

教(おし)える[오시에루] 가르치다 昇進(しょうしん)する[쇼오신스루] 승진하다 給料(きゅうりょう)[큐-료-] 월급
上(あ)がる[아가루] 오르다

79 맞장구칠 때

소 오 데 스!

そうです！

맞습니다!

관련 표현

소 오 데 스! 와따시모소 오 오모이 마 스.

わたし おも

そうです！私もそう思います。

맞습니다! 저도 그렇게 생각해요.

아 나 따 노 이 우 토오 리 데 스.

い とお

あなたの言う通りです。

당신 말이 맞아요.

Tip

とお い とお

~通りは 원래 '~대로'라는 뜻이다. 위의 예문에 나온 言う通りも 직역하면 '말하는 대로'이다.

츄우 이 지 코오와 고 꼬 니 카 카 레 따 토오 리 다.

ちゅう い じ こう か とお

ex 注意事項はここに書かれた通りだ。

주의사항은 여기 적힌 대로이다.

ちゅう い じ こう か

注意事項 주의사항 書かれる 쓰여지다

사이 낑, 이즈미상 못 또키레 에니나리마시따요네.
さいきん いずみ
A 最近、泉さんもっときれいになりましたよね。

와따시모 소오오모이 마시따!
わたし おも
B 私もそう思いました！

렝 아이시떼룬 쟈 나이데스까?
れんあい
恋愛してるんじゃないですか。

소노요오데스네.

A そのようですね。

콘도, 이즈미산니 키이떼미마쇼오.
こんど いずみ き
B 今度、泉さんに聞いてみましょう。

A 요즘 이즈미 씨 더 예뻐지지 않았어요?
B 저도 그렇게 생각해요! 연애하는 거 아닌가요?
A 그런 것 같네요.
B 다음에 이즈미 씨한테 물어봅시다.

Tip

'~해지다'는 부사 + なる로 표현하면 된다. 부사는 형용사로부터 만들면 되는데, な형용사는 な대신 に를, い형용사는 い대신 く를 쓰면 된다.

예) 彼は有名になりました。(그는 유명해졌습니다.)
かれ ゆうめい
値段が高くなりました。(가격이 비싸졌습니다.)
ねだん たか

단어

もっと[못또] 더, 더욱, 좀더 きれい[키레에] 예쁜 そう[소오] 그렇게, 그리

다이 각 세에와 슈우쇼쿠 가 못 또 타이 헹 데 스!
だいがくせい しゅうしょく たいへん
A 大学生は就職がもっと大変です！

츄우쇼오 키 교오니 칸 신 오 모 쯔 노 모 이 이 또 오모이 마 스.
ちゅうしょうきぎょう かんしん も おも
B 中小企業に関心を持つのもいいと思います。

슈우쇼쿠 가 타이 헹 나 리 유우 노 우 찌 히토쯔 가 키 즁 야
しゅうしょく たいへん りゆう ひと きじゅん
A 就職が大変な理由のうち一つが基準や

모꾸효오 가 타까 스 기 루 까 라 다 또 오모이 마 스.
もくひょう たか おも
目標が高すぎるからだと思います。

호 똔 도 노 와까모노 타 치 가 쿠 로오 세 즈 니 오 까네오 타 쿠
わかもの くろう かね
B ほとんどの若者たちが苦労せずにお金をたく

상 카세게 루 시 고또 오 사가 소 오 토 시 떼 이 룬 데 스 요 네.
かせ しごと さが
さん稼げる仕事を探そうとしているんですよね。

A 대학생은 취업이 점점 더 어려워요!
B 중소기업에 관심을 갖는 것도 괜찮다고 생각해요.
A 취업이 힘든 이유 중 하나가 기준이나 목표가 너무 높아서인 것 같아요.
B 대부분의 젊은이들이 고생하지 않고 돈을 많이 버는 직업을 찾으려고 하는 거지요.

Tip

~すぎる는 '지나치게 ~하다, 너무 ~하다'라는 의미로 부정적인 뉘앙스를 가진 표현이다. 이로 인해 생긴 명사 표현이 飲(の)み過(す)ぎ(과음), 食(た)べ過(す)ぎ(과식) 등이 있다.

단어

就職(しゅうしょく)[슈-쇼쿠] 취업　苦労(くろう)する[쿠로-스루] 고생하다　お金(かね)を稼(かせ)ぐ[오까네오카세구] 돈을 벌다

80 화낼 때

혼 또오니 하라 다 치 마 스.
ほんとう　はらだ
本当に腹立ちます。

정말 화나요.

관련 표현

혼 또오니 하라 다 치 마 스.
ほんとう　はらだ
本当に腹立ちます。

쿄오 카카리쵸오니 오코 라 레 마 시 따.
きょう　かかりちょう　おこ
今日係長に怒られました。

정말 화나요. 오늘 계장님께 혼났어요.

하라 다 치 마 스.
はらだ
腹立ちます。

코또 시 모 쇼오 신 데 키 마 셍 데 시 따.
ことし　しょうしん
今年も昇進できませんでした。

화나요. 올해도 승진 못했어요.

Tip

怒(おこ)られる는 怒(おこ)る의 수동형이다. 怒(おこ)る는 '화내다'라는 1그룹 동사이기 때문에 뒤가 られる가 된다. '혼나다'의 다른 단어로는 叱(しか)られる도 있다. 이의 원형인 叱(しか)る는 '야단치다, 꾸짖다'라는 뜻이기 때문에 부모님이나 선생님께 혼나는 느낌이 강하다.

대화문 1

혼 또오니 하라 다 찌 마 스!
ほんとう　はらだ
A 本当に腹立ちます！

도 오시딴 데 스 까?
B どうしたんですか。

오오타니카카리쵸오노 코 또데 스 요.
おおたにかかりちょう
A 大谷係長のことですよ。

와따시가 미 따 토 꼬 로,
わたし　み
B 私が見たところ、

스즈키 상 노 코또 스 끼 난 쟈 나 이 데 스 까?
すずき　す
鈴木さんのこと好きなんじゃないですか。

A 정말 화나요!
B 무슨 일이에요?
A 오타니 계장님 말이예요.
B 제가 봤을 때, 스즈키 씨를 좋아하는 것 아니에요?

Tip

일본에서는 '대리'라는 직급을 사용하지 않는다. 또한, 우리나라에서 직급 뒤에 '님'을 붙이는 것과는 달리 일본에서는 아무리 높은 직급이더라도 '님'을 붙이지 않는다.

단어

はらだ
腹立ち[하라다치] 화냄, 성냄, 노함　かかりちょう
係長[카카리쵸오] 계장

대화문 2

하라타 치 마 스!
A 腹立(はらた)ちます！

도 오 시떼 손 나 니 오콧 떼 이 룬 데 스 까?
B どうしてそんなに怒(おこ)っているんですか。

보꾸가 쿠 로오시떼 카 이 따 호오코쿠 쇼 오 치– 므 쵸오까 라
A 僕(ぼく)が苦労(くろう)して書(か)いた報告書(ほうこくしょ)をチーム長(ちょう)から

마 따 카 이 떼 쿠루 요오 니 이 와레 마 시 따.
また書(か)いてくるように言(い)われました。

춋 또 키무즈까시 이 타 이 프 난 데 스 네.
B ちょっと気難(きむずか)しいタイプなんですね。

A 화나요!
B 뭐 때문에 그렇게 화났어요?
A 제가 고생해서 쓴 보고서를 팀장님이 다시 쓰라고 했어요.
B 그가 좀 까다로운가 보네요.

Tip

'~하도록'이라는 말은 '~ように'로 표현할 수 있다. 예를 들어, '공부하도록'은 '勉強(べんきょう)するように', '읽도록'은 '読(よ)むように'로 표현할 수 있다.

단어

苦労(くろう)する[쿠로오스루] 고생하다 報告書(ほうこくしょ)[호오코쿠쇼] 보고서
気難(きむずか)しい[키무즈까시이] 까다롭다

81 짜증낼 때

무 카 츠 쿠!

むかつく！

짜증나!

관련 표현

모 오, 운 자 리 데 스 요.

もう、うんざりですよ。

이제 진절머리가 나요.

모 오 가 만 데 키 나 이.

が まん

もう我慢できない。

더는 못 참아.

PLUS

키미 와 잇 따 이 나니 오 캉가에 떼 이 룬 다!

きみ なに かんが

君はいったい何を考えているんだ！

너는 도대체 무슨 생각을 하는 거니!

↳ 상대가 엉뚱한 생각을 한다거나 일을 잘못하여 실수를 할 때 화를 내면서 책망을 하는 표현이다.

Tip

더는 못 참겠다는 표현이 위의 예문 말고도 'もう限界(げんかい)だ'라는 표현도 많이 쓰인다. 직역을 하면 '이제는 한계다'라는 뜻이며, 말 그대로 한계에 직면해서 더 이상은 못 참겠다는 뜻이다.

키 마츠테 스 또, 젠 부 레 포– 또니 낫 챳 따.
A 期末(きまつ)テスト、全部(ぜんぶ)レポートになっちゃった。

에, 와따시와 시 켕 또레 포– 또후따츠 토모 아 루 요.
B え、私(わたし)は試験(しけん)とレポート二(ふた)つともあるよ。

무 카 츠 쿠.
むかつく！

타이 헹 다 나. 테 스 또 오 왓 따 라 아소비 니 이 꾸 까?
A 大変(たいへん)だな。テスト終(お)わったら遊(あそ)びに行(い)くか。

이 이 네!
B いいね！

A 기말시험, 전부 리포트로 바뀌었어.
B 어? 나는 시험이랑 리포트 둘 다 있어. 짜증나!
A 힘들겠다. 시험 끝나면 놀러 갈래?
B 좋아!

Tip

편한 사이에서 동사로 끝나는 질문은 동사의 기본형에 끝음만 물어보듯이 올려 주면 된다.

단어

期末(きまつ)テスト[키마츠테스또] 기말고사 レポート[레포–또] 리포트 試験(しけん)[시켕] 시험
大変(たいへん)[타이헹] 큰 변고(나쁜 의미의), 큰일 終(お)わる[오와루] 끝나다

대화문 2

모 오 가 망데 끼나 이!

A もう我慢(がまん)できない！

도 오 시딴 다?

B どうしたんだ？

이모오또가마따 캇 떼 니 와따시노 후꾸 키 떼 잇 따 노.

A 妹(いもうと)がまた勝手(かって)に私(わたし)の服(ふく)着(き)て行(い)ったの。

미 따 메 니 칸 신 노 오오이 토 끼 다 까 라 쟈 나 이?

B 見(み)た目(め)に関心(かんしん)の多(おお)いときだからじゃない？

A 더는 못 참아!

B 왜 그래?

A 여동생이 또 멋대로 내 옷을 입고 갔어.

B 외모에 관심 많을 때라 그런 거 아니야?

Tip

勝手(かって)는 '멋대로'라는 뜻을 가지고 있다. 앞에 自分(じぶん)을 붙인 自分勝手(じぶんかって)는 '이기적, 제멋대로'라는 뜻이다. 예를 들면, 自分勝手(じぶんかって)な行動(こうどう)はやめて(제멋대로인 행동은 그만해)처럼 사용할 수 있다.

見(み)た目(め)는 겉모습, 눈에 비치는 모습을 말하며 회화에서 자주 쓰이는 단어이므로 기억해두자. 겉모습이 보기 좋지 않을 경우에는 見(み)た目(め)が悪(わる)い(보기에 좋지 않다, 볼품없다)라고 표현한다.

단어

我慢(がまん)する[가망스루] 참다 妹(いもうと)[이모오또] 누이동생 勝手(かって)に[캇떼니] 멋대로 服(ふく)[후꾸] 옷 見(み)た目(め)[미따메] 외모

82 싸울 때

도 오시떼 손 나니 지 붕 캇 떼 난 데 스 까?
じぶんかって
どうしてそんなに自分勝手なんですか。
왜 그렇게 이기적이에요?

관련 표현

난 데 야꾸 소꾸 오 마모 라 나 인 데 스 까?
やくそく まも
なんで約束を守らないんですか。
왜 약속을 안 지켜요?

난 데 이 우 토오리 니 시 나 인 데 스 까?
い とお
なんで言う通りにしないんですか。
왜 말한 대로 하지 않아요?

PLUS 바 까 니 스 루 나!
ばかにするな!
바보 취급하지 마!

↳「ばか」는 「바보, 얼간이」라는 뜻으로 「ばかにする」는 바보처럼 취급하는 것을 말한다. 이것은 「からかう(놀리다)」로 바꾸어 말할 수 있다.

대화문 1

아 노, 요코하이리 시 나 이 데 구다 사 이.
A あの、横入(よこはい)りしないでください。

이소이 데 룬 데 스 요.
B 急(いそ)いでるんですよ。

도 오시떼 손 나 니 지 붕 캇 떼 난 데 스 까?
A どうしてそんなに自分勝手(じぶんかって)なんですか。

마 나ー 오 마못 떼 구다 사 이.
マナーを守(まも)ってください。

와 까 리마 시 따. 스 미 마 셍.
B 分(わ)かりました。すみません。

A 저기, 새치기하지 말아주세요.
B 서두르고 있어서요.
A 왜 그렇게 이기적이에요? 매너를 지켜주세요.
B 알겠습니다. 죄송해요.

Tip

んです는 감정적인 얘기를 하거나, 앞에서 서술한 내용, 어떤 판단에 대해 근거를 가지고 있는 경우, 그리고 강조할 때에 사용한다. 회화에서 많이 쓰이는 표현이니 익혀두자.

단어

横入(よこはい)り[요코하이리] 새치기 急(いそ)ぐ[이소구] 서두르다 自分勝手(じぶんかって)[지붕캇떼] 이기적
マナー[마나-] 매너

난 데 야꾸소꾸오 마모라나 이 노?
やくそく まも
A なんで約束を守らないの?

도 오 이 우 이 미?
い み
B どういう意味？

슈우마츠 니 와따시또 잇 쇼 니 탄 죠오 비 파– 티– 니
しゅうまつ わたし いっしょ たんじょうび
A 週末に私と一緒に誕生日パーティーに

이 쿠 코 또 니 시 따 데 쇼?
い
行くことにしたでしょ？

아, 고 멘! 웃 까 리 시 떼 따.
B あ、ごめん！うっかりしてた。

A 왜 약속을 안 지켜?
B 무슨 뜻이야?
A 주말에 나랑 같이 생일 파티에 가자고 했잖아.
B 아, 미안해! 깜빡하고 있었어.

Tip

일상회화에서는 자주 ている형태에서 い를 생략해서 말하곤 한다.
'~하기로 하다'는 동사 기본형 + ことにする로 표현하면 된다. '~하기로 했다'라면 상황에 맞게 뒤의 する의 시제를 바꾸어 동사 기본형 + ことにした라고 하면 된다.

단어

約束(やくそく)[야쿠소쿠] 약속　誕生日(たんじょうび)パーティー[탄죠오비파–티–] 생일파티
うっかりする[웃까리스루] 깜빡하다

83 더 드시라고 할 때

오 메시아가 리구다사이.

お召(め)し上(あ)がりください。

맛있게 드세요.

관련 표현

오 쿠치니 아우까 와카리마셍가,

お口(くち)に合(あ)うかわかりませんが、

입맛에 맞으실지 모르겠지만

윳꾸리 타베떼네.

ゆっくり食(た)べてね。

천천히 먹어.

아따따까이 우찌니 메시아갓떼 구다사이.

温(あたた)かいうちに召(め)し上(あ)がってください。

따뜻할 때 드십시오.

Tip

음식을 대접하는 입장에서 '맛있게 먹어'는 召(め)し上(あ)がれ라고 하면 된다. お口(くち)に合(あ)うかわかりませんが、(입에 맞으실지 모르겠지만) 또한 음식을 대접할 때 겸손을 표하기 위해 정말 자주 사용되는 말이니 기억해두자.

대화문 1

오 메 시 아 가 리 구다사 이.
A お召(め)し上(あ)がり下(くだ)さい。

이 따 다 끼 마 스! 사이 낑, 가이쇼꾸 바 까 리 시 떼 아 키 떼 이 따 노 데, 도 오 모 아 리 가 또 오 고 자 이 마 스.
B いただきます！最近(さいきん)、外食(がいしょく)ばかりして飽(あ)きていたので、どうもありがとうございます。

오 쿠치 니 아 우 까 와 까 리 마 셍 네.
A お口(くち)に合(あ)うかわかりませんね。

요시 노 상 노 니꾸쟈 가, 혼 또오 니 오 이 시 이 데 스!
B 吉野(よしの)さんの肉(にく)じゃが、本当(ほんとう)においしいです！

A 맛있게 드세요.
B 잘 먹겠습니다! 요즘 외식만 해서 질렸었는데, 정말 감사합니다.
A 입맛에 맞으실지 모르겠네요.
B 요시노 씨가 만든 니쿠자가 정말 맛있네요!

Tip

니쿠자가(肉(にく)じゃが)는 대표적인 일본의 가정식이다. 이름처럼 고기에 감자, 당근, 곤약 등의 채소를 곁들여 조린 음식이다.
ありがとう(감사합니다) 앞에 どうも(정말)를 붙임으로써 감사의 마음을 강조할 수 있다.

단어

いただきます[이따다끼마스] 잘 먹겠습니다 外食(がいしょく)[가이쇼꾸] 외식
飽(あ)きる[아키루] 질리다 口(くち)に合(あ)う[쿠치니아우] 입맛에 맞다

대화문 2

도 오 조, 윳 꾸리 타 베 떼 네.

A どうぞ、ゆっくり食(た)べてね。

우 마 이! 료 리 죠오 즈 난 다 네.

B うまい！料理(りょうり)上手(じょうず)なんだね。

소 오? 손 나 코 또 이 와 레 따 라 하 즈 까 시 이.

A そう？そんなこと言(い)われたら恥(は)ずかしい。

고 레 쿠 라 이 노 아지나 라 미세 오 다 시 떼 모 이 이 요.

B これくらいの味(あじ)なら店(みせ)を出(だ)してもいいよ。

A 자, 천천히 먹어.
B 맛있다! 요리 잘하는구나.
A 그래? 그런 소리 들으니까 부끄럽네.
B 이 정도 맛이면 가게를 차려도 되겠어.

PLUS

사 아 도 오 조 고 지 유우 니 다 베 떼 구 다 사 이.

さあどうぞ、ご自由(じゆう)に食(た)べてください。

자 어서, 마음껏 먹으세요.

단어

うまい[우마이] 잘하다, 맛있다 料理(りょうり)[료리] 요리 恥(は)ずかしい[하즈까시이] 부끄럽다 店(みせ)を出(だ)す[미세오다스] 가게를 차리다

84 배고프다고 할 때

오 나까가 스이 떼키마시따.

お腹(なか)が空(す)いてきました。

배가 좀 고프네요.

관련 표현

오 나까 스이 딴 데스케도, 나니까 오이시 이모노츠쿳 떼쿠레룬 데스까?

お腹(なか)空(す)いたんですけど、何(なに)かおいしいものつくってくれるんですか。

저 배고픈데, 무슨 맛있는 거 해줄 거예요?

오 나까 스이 떼, 캅 뿌 라– 멩 가 타베 따이 데스.

お腹(なか)空(す)いて、カップラーメンが食(た)べたいです。

저 배고픈데, 컵라면 먹고 싶어요.

Tip

'~てきました'의 원형은 '~てくる'이고 '(점점)~해지다'라는 뜻이다.

요루니 낫 떼 소또와 쿠라꾸낫 떼 키따

ex 夜(よる)になって外(そと)は暗(くら)くなってきた。

밤이 되어서 밖은 어두워졌다.

대화문 1

오 나까가 스 이 떼 끼 따 나.
A お腹(なか)が空(す)いてきたな。

고 항 소 로 소 로 데 끼 루 요. 춋 또 맛 떼 네.
B ご飯(はん)そろそろできるよ。ちょっと待(ま)ってね。

얏 빠 리 아 나 따 노 미 소 시 루 와 오 이 시 이 요.
A やっぱりあなたの味噌汁(みそしる)はおいしいよ。

입 빠 이 타 베 떼 이 이 요.
B いっぱい食(た)べていいよ。

타 꾸 상 츠쿳 떼 오 이 타 까 라.
たくさん作(つく)っておいたから。

A 배가 좀 고프네.
B 곧 밥 다 돼. 조금만 기다려.
A 역시 여보가 해주는 된장찌개는 맛있어.
B 많이 먹어도 돼. 많이 만들어놨으니까.

Tip

て형을 활용한 표현 중 하나인 て형 + おく는 직역 그대로 '~해두다'라는 말이다.

단어

お腹(なか)がすく[오나까가스쿠] 배가 고프다　ご飯(はん)[고항] 식사　そろそろ[소로소로] 슬슬
できる[데끼루] 되다, 이루어지다　待(ま)つ[마츠] 기다리다　味噌汁(みそしる)[미소시루] 미소국

오 나까가 모오 스이떼키챳 따.
A お腹(なか)がもう空(す)いてきちゃった。

에리, 난 까 오이시이 노 츠큿 떼쿠레루?
えり、なんか美味(おい)しいの作(つく)ってくれる？

나니까 타베 따이노 토까아루?
B 何(なに)か食(た)べたいのとかある？

에리노 테 즈꾸리카 레- 까나.
A えりの手作(てづく)りカレーかな。

와깟 따와. 마까세 떼.
B 分(わ)かったわ。任(まか)せて。

A 배가 벌써 고파져버렸다. 에리, 뭔가 맛있는 거 만들어줄 수 있어?
B 뭔가 먹고 싶은 거 있어?
A 에리가 손수 만들어주는 카레?
B 알겠어. 나한테 맡겨.

대화문 2

Tip

空(す)いてきちゃった(고파져버렸다)는 空(す)いてきてましまった(고파져버렸다)의 회화적 표현이다. 이는 て형의 활용 표현인 てしまう의 과거 표현이다. てしまう는 '~해버리다'라는 뜻을 가지고 있다.
ちゃった에 대한 예는 もう約束場所(やくそくばしょ)に着(つ)いちゃった(벌써 약속 장소에 도착해버렸다), 全部食(ぜんぶた)べちゃった(전부 먹어버렸다) 등을 들 수 있겠다.

단어

美味(おい)しい[오이시이] 맛있다, 맛좋다　手作(てづく)り[테즈꾸리] 수제　カレー[카레-] 카레
分(わ)かる[와까루] 알다　任(まか)せる[마까세루] 맡기다, 위임하다

85 배부르다고 할 때

오 나까입 빠이데스.
なか
お腹いっぱいです。

배불러요.

관련 표현

타베 스기떼, 오나까 오꼬와시소 오데 스.
た す なか こわ
食べ過ぎて、お腹を壊しそうです。

과식해서 배탈이 날 것 같습니다.

고레 이죠오 타베 라레 나이 데 스.
いじょう た
これ以上食べられないです。

더 못 먹겠어요.

PLUS

고레 이죠오히또쿠찌모 타베 라레 마셍.
いじょうひとくち た
これ以上一口も食べられません。

더 이상 한 입도 먹지 못하겠습니다.

Tip

회화에서는 お腹(なか)와 いっぱい 사이의 '이/가'라는 의미를 가진 조사 が를 주로 생략한다. 우리말의 '배부르다'와 같은 맥락이다.

야끼니꾸, 고찌소오사마데시따.
やき にく
A 焼肉、ごちそうさまでした。

모오오나까잇빠이데스.
なか
もうお腹いっぱいです。

오쿠치니앗떼요캇따데스.
くち あ
B お口に合ってよかったです。

사이낑 야끼니꾸오 타베떼이나캇딴데스께도,
さい きん やき にく た
A 最近焼肉を食べていなかったんですけど、

쿄오 혼또오니 오모우존분 타베마시따!
きょう ほん とう おも ぞん ぶん た
今日本当に思う存分食べました！

고노 야끼니꾸야상, 고노 치이끼데 유우메에난데스요.
やき にく や ち いき ゆう めい
B この焼肉屋さん、この地域で有名なんですよ。

A 야끼니꾸 사주셔서 감사합니다. 정말 배부르네요.
B 입맛에 맞아서 다행이네요.
A 야끼니꾸를 안 먹은 지 오래됐는데, 오늘 정말 실컷 먹었네요!
B 이 야끼니꾸집, 이 지역에서 유명하거든요.

Tip

식사에 대한 감사를 표현할 때에는 보통 ごちそうさまでした。(사주셔서 감사합니다.)를 사용한다. 무언가를 파는 가게를 표현할 때에는 (파는 물건) + 屋(や)さん이라고 하면 된다. 예를 들면 반찬 가게는 おかず屋(や)さん, 신발가게는 靴屋(くつや)さん으로 나타낼 수 있다.

단어

もう[모오] (감동, 감정을 강조할 때 쓰는 말)　思う存分(おもぞんぶん)[오모우존분] 마음껏
地域(ちいき)[치이끼] 지역

대화문 2

오 나까잇 빠이데스. 고찌소오사마데시따.
A お腹(なか)いっぱいです。ごちそうさまでした。

모또모또와 소또니 데떼 오모떼나시시타캇
B 元々(もともと)は外(そと)に出(で)ておもてなししたかっ

딴데스케도…
たんですけど…。

테즈꾸리료오리가 오미세노 료오리미따이데스.
A 手作(てづく)り料理(りょうり)がお店(みせ)の料理(りょうり)みたいです。

타이시따모노데와아리마셍. 마다마다데스요.
B 大(たい)したものではありません。まだまだですよ。

A 배부르네요. 식사 대접해주셔서 감사합니다.
B 원래는 밖에 나가서 대접해드리고 싶었어요.
A 직접 만든 요리가 가게 요리와 비슷한 것 같아요.
B 과찬에 감사 드려요. 아직 멀었어요.

Tip

본문 마지막 문장은 무언가 선물하거나 대접했을 때 겸손을 표하는 말로, 회화에서 자주 쓰인다. 예를 들어, 선물을 줄 때 '大(たい)したものではないですが…(별 건 아니지만)'를 자주 붙이곤 한다.

단어

元々(もともと)[모또모또] 원래 外(そと)[소또] 밖, 바깥, 외부 おもてなし[오모떼나시] 대접
手作(てづく)り[테즈꾸리] 직접 만든 店(みせ)[미세] 가게, 상점, 점포 みたい[미따이] ~같다, 비슷하다

86 여전히 그대로라고 할 때

아이 까 와 라 즈 데 스 네.
あい か
相変わらずですね。
여전히 그대로시네요.

관련 표현

스꼬시모 카 왓 떼 이 나 이 데 스 요!
すこ か
少しも変わっていないですよ。
당신은 조금도 변하지 않았어요!

아이 까 와 라 즈, 요 쿠 와라 운 데 스 네.
あい か わら
相変わらず、よく笑うんですね。
당신은 여전히 잘 웃네요.

Tip

相変(あいか)わらず는 '여전한, 그대로'라는 뜻을 가지고 있다. 하지만 부정적인 뉘앙스도 내포하고 있기 때문에 비즈니스나 중요한 자리에서 또는 본인보다 나이가 많은 사람에게 단독으로 사용하는 것은 지양하자. 그럴 경우, お変(か)わりないですね。(변함이 없으시네요)로 바꿔 사용하거나, 相変(あいか)わらずお若(わか)いですね。(여전히 젊으시네요) 등으로 긍정적인 표현과 함께 사용하는 것이 좋다.

대화문 1

다이가꾸소츠교오 시떼 까 라 쥬 넨 모 탓 떼 이 루 노 니.
だいがくそつぎょう ねん た
A 大学卒業してから10年も経っているのに、

아이 카 와 라 즈 데 스 네.
あいか
相変わらずですね。

다 나까 상 모 아이 카 와 라 즈 오 와까 이 데 스 네.
たなか あいか わか
B 田中さんも相変わらずお若いですね。

손 나 코 또 나 이 데 스 요.
A そんなことないですよ。

뎅 와 방 고오 모 시 리 마 시 따 까 라
でんわばんごう し
B 電話番号も知りましたから、

마 따 렝 라꾸시 마 쇼 오.
れんらく
また連絡しましょう。

A 대학 졸업한 지 이미 10년이나 지났는데 그대로네요.
B 타나카 씨도 여전히 젊으시네요.
A 그렇지도 않아요.
B 핸드폰 번호를 알았으니 나중에 자주 연락해요.

Tip

동사・형용사・명사 + し는 '~하고'의 의미로 사용된다. 앞에 오는 말의 품사에 따라 学生(がくせい)だし(학생이고), 嬉(うれ)しいし(기쁘고), 読(よ)むし(읽고) 등으로 나타낸다. 또한 시간이 '~씩이나 지나다'라는 표현으로 시간 + も経(た)つ라고 쓸 수 있다. 예를 들면 何(なん)か月(げつ)も経(た)ちましたね(몇 개월이나 지났네요)로 표현할 수 있다.

단어

卒業(そつぎょう)[소츠교오] 졸업　経(た)つ[타쯔] (시간이) 지나다　若(わか)い[와까이] 젊다
電話番号(でんわばんごう)[뎅와방고] 전화번호

스꼬시모 카왓 떼 이 나 이 데 스 네.

A 少(すこ)しも変(か)わっていないですね。

손 나 코 또 나 이 데 스. 스즈끼상 와 아이카 와 라 즈

B そんなことないです。鈴木(すずき)さんは相変(あいか)わらず、

요 쿠와라 운 데 스 네.

よく笑(わら)うんですね。

하 즈 까 시 이 데 스. 와따시타찌, 겡 키 니 스 고 시 마 쇼 오.

A 恥(は)ずかしいです。私(わたし)たち、元気(げんき)に過(す)ごしましょう。

소 오 데 스 네!

B そうですね！

A 조금도 변하지 않았네요.
B 그렇지도 않아요. 스즈키 씨는 여전히 잘 웃으시네요.
A 부끄럽네요. 우리 건강하게 지내요.
B 그러게요!

Tip

'~합시다'라는 권유, 제안의 표현은 ます형 + ましょう로 나타낼 수 있다. 의문형은 ましょうか。로 나타내면 된다.

단어

少(すこ)し[스꼬시] 조금, 약간, 좀 変(か)わる[카와루] 변하다, 바뀌다 相変(あいか)わらず[아이카와라즈] 여전히 笑(わら)う[와라우] 웃다 恥(は)ずかしい[(하)즈까시이] 부끄럽다 過(す)ごす[스고스] 지내다

87 시간이 늦어서 집으로 간다고 할 때

모 오 지 깡 모 오소 이 노 데, 와따시와 시쯔레에시 마 스.

もう時間(じかん)も遅(おそ)いので、私(わたし)は失礼(しつれい)します。

시간이 늦었네요, 집에 돌아가야겠어요.

관련 표현

보 찌 보 찌 시쯔레에 스 루 지 깐 노 요 오 데 스 네.

ぼちぼち失礼(しつれい)する時間(じかん)のようですね。

이만 가야할 시간인 것 같군요.

히 가 쿠 레 따 노 데 이에니 카에 리 마 스.

日(ひ)が暮(く)れたので家(いえ)に帰(かえ)ります。

날이 어두워졌는데 집에 가야겠어요.

Tip

失礼(しつれい)します는 직역하면 '실례합니다'로 먼저 자리를 일어날 때 쓴다. 또한 어떤 자리에 들어갈 때 '실례하겠습니다'의 의미로도 쓰인다. 귀가한다는 표현을 할 때에는 '家(いえ)に行(い)く'로 직역해서 사용하기 보다는 '家(いえ)に帰(かえ)る(집으로 돌아가다)'를 사용한다.

모 오 지 캉 모 오소이 노 데, 와따시와 시쯔레에시 마 스.

A もう時間(じかん)も遅(おそ)いので、私(わたし)は失礼(しつれい)します。

이소가시이 코 또또까 아 리마 스 까?

B 忙(いそが)しいこととかありますか。

이 이 에, 데 모 코도모타 찌 가 맛 떼 이루노 데.

A いいえ、でも子供(こども)たちが待(ま)っているので。

쟈 아 이 까 나 이 또이 께 마 셍 네.

B じゃあ行(い)かないといけませんね。

마 따 키 떼 구다 사이 네.

また来(き)てくださいね。

A 시간이 늦었네요, 집에 돌아가야겠어요.
B 바쁜 일이라도 있으세요?
A 아니요, 그런데 아이들이 절 기다려서요.
B 그럼 가셔야겠네요. 또 오세요.

Tip

본문에서 두 번이나 나온 ので는 이유를 나타내는 대표적인 말이다. 이유를 나타내는 다른 말인 から에 비해 객관적인 이유를 말하거나, 정중한 말투일 때 쓰인다. 반면 から는 주관적인 이유를 설명하거나 편한 말투일 때 쓰인다.

단어

遅(おそ)い[오소이] 늦다 とか[토까] 라든가, ~든지 でも[데모] 그래도 来(き)る[키따루] 오다

모 오 지 캉 모 오소이 노 데 와따시와 시츠레에시 마 스.
A もう時間(じかん)も遅(おそ)いので、私(わたし)は失礼(しつれい)します。

우 찌 마 데 쿠 루 미치 모 와 까 리 마 시 따 카 라
B うちまで来(く)る道(みち)も分(わ)かりましたから、

마 따 쿠 루 토 끼 벤 리 데 스 네.
また来(く)るとき便利(べんり)ですね。

콘 도 아 우 토 끼 니 와 우 치 데 오 챠 시 마 셍 까?
A 今度(こんど)会(あ)うときにはうちでお茶(ちゃ)しませんか。

제 히 이 끼 따 이 데 스!
B 是非(ぜひ)いきたいです！

A 시간이 늦어서 가야겠어요.
B 저희 집 오는 길을 알았으니, 다음에 올 때 편하겠네요.
A 다음에 만날 때에는 우리 집에서 차 한잔하지 않으실래요?
B 꼭 가고 싶네요!

Tip

是非(ぜひ)는 '꼭, 아무쪼록, 제발'이라는 의미를 가지고 있는데, 동사의 기본형이 아닌 '~하고 싶다'(~たい), '~해주세요'(~てください) 등의 표현과 함께 쓰인다. 예를 들면 是非来(ぜひき)てください(꼭 와주세요), 是非(ぜひ)やってみたいと思(おも)います(꼭 해보고 싶다고 생각합니다) 등으로 나타낼 수 있다.

단어

まで[마데] 까지　来(く)る[쿠루] 오다　道(みち)[미치] 길　便利(べんり)な[벤리나] 편리한
お茶(ちゃ)[오챠] 차　是非(ぜひ)[제히] 꼭, 제발

88 그 일은 정말 이해할 수 없다고 할 때

소 노 코 또 와 맛따 쿠 리 카이 데 끼 마 셍.

まった　りかい

そのことは全く理解できません。

그 일은 정말 이해할 수 없어요.

관련 표현

소 노 코 또 와 혼 또- 니 리 카이데 끼 마 셍.

ほんとう　りかい

そのことは本当に理解できません。

그 일은 정말 이해할 수 없어요.

아 나 따 가 시 타 코 또 와 혼 또- 니

ほんとう

あなたがしたことは本当に

리 카이 데 끼 마 셍.

り かい

理解できません。

당신이 한 일은 정말 이해할 수 없어요.

PLUS

와 까 리 마 셍.

わ

分かりません。

모르겠습니다.

요 꾸 와 까 라 나 이 노 데 스.

わ

よく分からないのです。

잘 모르겠어요.

대화문 1

소 노 코또 와 맛따쿠 리 카이데 끼 마 셍.
まった り かい
A そのことは全く理解できません。

도오깡 데 스. 치– 무 쵸오 가 도 오시떼 소 오시 따 노 까
どう かん ちょう
B 同感です。チーム長がどうしてそうしたのか

리 카이데 끼 마 셍.
り かい
理解できません。

와따시타치, 치– 무 쵸오 니 쵸쿠세츠 키 이 떼 미 루 노 와
わたし ちょう ちょくせつ き
A 私たち、チーム長に直接聞いてみるのは

도 오 데 스 까?
どうですか。

소 오시마 쇼 오 까?
B そうしましょうか。

A 그 일은 정말 이해할 수 없어요.
B 저도 같은 생각이에요. 팀장님이 왜 그러신 건지 이해가 안돼요.
A 우리, 팀장님께 직접 여쭤보는 건 어때요?
B 그럴까요?

단어

まった り かい
全く[맛따쿠] 완전히, 아주, 전적으로, 전혀 理解[리카이] 이해
どう かん ちょくせつ
同感です[도오깡데스] 동의합니다 直接[쵸쿠세츠] 직접

소 노 코토 와 맛따 쿠 리 카이 데 끼 마 셍.
A そのことは全く理解(まったく りかい)できません。

나니까 나야미 고또또 까 아 리 마 스 까?
B 何(なに)か悩(なや)み事(ごと)とかありますか。

시 고또죠오 노 몬 다이 난 데 스.
A 仕事上(しごとじょう)の問題(もんだい)なんです。

소오 단 시 따 라 카이게쯔데 끼 루 호-호- 가
B 相談(そうだん)したら解決(かいけつ)できる方法(ほうほう)が

오모 이 우 까 부 까 모 시 레 마 셍 요.
思(おも)い浮(う)かぶかもしれませんよ。

A 그 일은 정말 이해할 수 없어요.
B 무슨 고민되는 일이 있어요?
A 업무적인 문제예요.
B 상담해보면 해결할 수 있는 방법이 떠오를지도 몰라요.

Tip

'~할지도 모른다'는 ~かもしれない로 표현한다. 정중하게 표현할 때는 ~かもしれないです・~かもしれません 두 가지를 사용할 수 있다.

단어

悩み事(なやごと)[나야미고또] 고민거리 問題(もんだい)[몬다이] 문제 相談(そうだん)[소오단] 상담 解決(かいけつ)[카이케쯔] 해결 方法(ほうほう)[호-호-] 방법 思い浮かぶ(おもう)[오모이우까부] 떠오르다

89 그 일은 정말 잊을 수 없는 일이라고 할 때

소 노 코또와 와스레 라 레 마 셍.

その こと は 忘(わす)れられません。

그 일은 잊을 수 없어요.

관련 표현

소 노 코또와 도 오시떼 모와스레 라 레 마 셍.

そのことはどうしても忘(わす)れられません。

그 일은 도무지 잊을 수 없어요.

이찌 방 와스레 라레 나 이 슌 캉 와이 쯔데 스 까?

一番忘(いちばんわす)れられない瞬間(しゅんかん)はいつですか。

가장 잊을 수 없었던 순간이 언제인가요?

Tip

'どうしても'는 부정어를 수반하면 '아무리 하여도'라는 뜻이 되고 부정어가 아닌 일반 평서문이 수반되면 '무슨 일이 있어도, 꼭'이라는 뜻을 지니게 된다.

아 노 게 에 무 와 도 우시 떼 모 카 이 따 이

ex あのゲームはどうしても買(か)いたい。

저 게임은 어떻게든(꼭) 사고 싶다. *ゲーム 게임

소 노 코또 와 도 오 시떼 모 와스 레 라 레 마 생.
A そのことはどうしても忘(わす)れられません。

소 노 코 톳 떼 돈 나 코또 데 스 까?
B そのことってどんなことですか。

토오 롱 카이노 토끼 노 코 또 데 스 요.
A 討論会(とうろんかい)の時(とき)のことですよ。

와따시모오보에 떼 이 마 스.
B 私(わたし)も覚(おぼ)えています。

A 그 일은 정말 잊을 수 없습니다.
B 그 일이란 게 어떤 일을 말씀하시는 거예요?
A 토론회 때의 일이요.
B 저도 기억하고 있어요.

PLUS

아 아, 빅 꾸 리 시 따.
ああ、びっくりした。
아, 깜짝 놀랐어.

↳ びっくりする 깜짝 놀라다. びっくり仰天(ぎょうてん) 깜짝 놀람

오 야, 난 떼 바 까 나!
おや、なんてばかな!
어, 정말 바보같군!

단어

その[소노] 그 どうしても[도오시떼모] 아무리 하여도 忘(わす)れる[와스레루] 잊다
討論会(とうろんかい)[토오롱카이] 토론회 覚(おぼ)える[오보에루] 기억하다

이찌 방 와스레 라 레 나 이 슝 깡 와 이 쯔 데 스 까?
いちばんわす　しゅんかん
A 一番忘れられない瞬間はいつですか。

보꾸노 겟 꼰 시끼데 스.
ぼく　けっこんしき
B 僕の結婚式です。

겟 꽁 와 진 세에데 다이 지 나 코 또 데 스 까 라.
けっこん　じんせい　だいじ
A 結婚は人生で大事なことですから。

보꾸가 겟 꼰 스 루 토 끼, 료오 싱 가 한 따이 시 떼
ぼく　けっこん　りょうしん　はんたい
B 僕が結婚するとき、両親が反対して

겟 꼰 시끼니 코 나 깟 딴 데 스 요.
けっこんしき　こ
結婚式に来なかったんですよ。

A 가장 잊을 수 없는 순간은 언제인가요?
B 저의 결혼식입니다.
A 결혼은 인생에서 중요한 일이니까요.
B 제가 결혼할 때 부모님이 반대를 해서 제 결혼식에 오시지 않았어요.

PLUS

소 레 와 오도로끼 마 시 따 네.
おどろ
それは驚きましたね。
그거 놀랍군요.

쇽 꾸!
ショック!
충격이야!

↳ ショック[shock] 쇼크, 갑작스럽게 당하는 타격, 충격

단어

しゅんかん 瞬間[슝칸] 순간　けっこんしき 結婚式[겟꼰시끼] 결혼식　だいじ 大事な[다이지나] 중요한
りょうしん 両親[료싱] 부모님　はんたい 反対[한따이] 반대

90 생각하지도 못했던 일이라고 할 때

혼 또오 니 코 오 나 루 또 와 오못 떼 모 미
ほんとう　　　　　　　　　おも
本当にこうなるとは思ってもみ
마 셍 데 시 따.
ませんでした。

정말 이렇게 될지 생각지도 못했어요.

관련 표현

혼 또오 니 코 오 나 루 또 와 오못 떼 모 미 마 셍
ほんとう　　　　　　　　　おも
本当にこうなるとは思ってもみません
데 시 따. 시쯔보오시 마 시 따.
　　　　しつぼう
でした。失望しました。
정말 이렇게 될지 생각지도 못했어요. 실망했어요.

혼 또오 니 코 오 나 루 또 와 오못 떼 모 미 마 셍
ほんとう　　　　　　　　　おも
本当にこうなるとは思ってもみません
데 시 따. 이마 코오까이 시 떼 모 오소 이 데 스.
　　　　いまこうかい　　　おそ
でした。今後悔しても遅いです。
정말 이렇게 될지 생각지도 못했어요. 지금 후회해도 늦었어요.

소 오 나 루 하 즈 가 나 이 요!
そうなるはずがないよ！
그렇게 될 리가 없어!

대화문 1

혼 또오니 코 오나 루 또 와 오못 떼 모 미 마 셍 데 시 따.
ほん とう　おも
A 本当にこうなるとは思ってもみませんでした。

모오시 와께아 리 마 셍. 와따시노 후 츄우 이 데 시 따.
もう　わけ　わたし　ふ ちゅう い
B 申し訳ありません。私の不注意でした。

카이 샤 노 신 라이 니 에에쿄오 오 아따 에 따 노 가 쥬우다이 데 스.
かい しゃ　しん らい　えいきょう　あた　じゅうだい
A 会社の信頼に影響を与えたのが重大です。

와따시와 도 오 스 레 바 이 이 데 쇼 오 까?
わたし
B 私はどうすればいいでしょうか。

A 정말 이렇게 될지 생각지도 못했어요.
B 죄송합니다. 제가 부주의했습니다.
A 회사 신뢰에 영향을 끼친 게 큰일이죠.
B 제가 어떻게 하면 좋을까요?

Tip

일본에서는 '죄송합니다'라는 표현이 다양하게 쓰인다. すみません, ごめんなさい, 申し訳(もうわけ)ありません이 자주 쓰인다. 이중에서도 특히 申し訳(もうわけ)ありません은 정중한 사과의 표현이며, 이보다 더욱 정중한 표현으로는 大変申し訳(たいへんもうしわけ)ございません을 들 수 있다.

단어

不注意(ふちゅうい)[후츄우이] 부주의 会社(かいしゃ)[카이샤] 회사 信頼(しんらい)[신라이] 신뢰 影響(えいきょう)を与(あた)える[에이쿄오오아따에루] 영향을 주다 重大(じゅうだい)な[쥬우다이나] 중대한

혼 또오니 코 오 나 루 또 와 오못 떼 모미 마 셍 데 시 따.
A 本当(ほんとう)にこうなるとは思(おも)ってもみませんでした。

와따시모소 오 데 스.
B 私(わたし)もそうです。

지 따이가 코 오 낫 떼 시 맛 따 이 죠오.
A 事態(じたい)がこうなってしまった以上(いじょう)、

손 시쯔오 데 끼 루 카기리 헤 라 사 나 께 레 바 나 리 마 셍.
損失(そんしつ)をできる限(かぎ)り減(へ)らさなければなりません。

옷 샤 루 토오리 간 밧 떼 미 마 스.
B おっしゃる通(とお)り頑張(がんば)ってみます。

A 정말 이렇게 될지 생각지도 못했어요.
B 저도요.
A 사태가 이렇게 돼버린 이상, 손실을 가능한 한 최소화해야 합니다.
B 말씀하시는 대로 해보겠습니다.

Tip

'~하지 않으면 안된다'는 동사의 부정형 + なければならない로 나타낸다. 정중한 표현으로는 본문처럼 なければなりません이라 한다.

단어

事態(じたい)[지따이] 사태 損失(そんしつ)[손시쯔] 손실 できる限(かぎ)り[데끼루카기리] 가능한 한
減(へ)らす[헤라스] 줄이다 おっしゃる通(とお)り[옷샤루토오리] 말씀하시는 대로

8

도움

우리들은 사람들과의 관계 속에서 도움을 주거나 도움을 받으면서 살아가게 되는 것을 배우게 됩니다. 도움과 관련해서 할 수 있는 표현들을 정리해보았습니다.

91 도와달라고 부탁할 때

테 츠닷 떼 모랏 떼 모이 이 데 스 까?
手伝(てつだ)ってもらってもいいですか。
절 도와줄 수 있나요?

관련 표현

와따시오타스께 떼 모 라 에 마 스 까?
私(わたし)を助(たす)けてもらえますか。
절 도와줄 수 있나요?

테 오 카 시 떼 이따다께 마 스 까?
手(て)を貸(か)して頂(いただ)けますか。
절 도와줄 수 있나요?

PLUS

촛 또 이 이 데 스 까?
ちょっといいですか。
잠깐 괜찮겠어요?

Tip

'手(て)を貸(か)す'라는 표현은 직역하면 '손을 빌려 주다'라는 뜻인데, 이는 관용구로서 '도와주다'라는 의미를 지닌다.

테오 카시떼 이따다께마스 까?
A 手を貸して頂けますか。(て・か・いただ)

모찌론 데스. 보꾸가 나니오 스레바 이이데쇼오까?
B もちろんです。僕が何をすればいいでしょうか。(ぼく・なに)

고노 시료오오 마또메떼 구다사이.
A この資料をまとめてください。(しりょう)

하이. 몬다이나이데스.
B はい、問題ないです。(もんだい)

A 절 도와주실 수 있나요?
B 물론이죠. 제가 무엇을 하면 될까요?
A 이 자료를 정리해주세요.
B 네. 문제 없습니다.

PLUS

오네가이가 아룬데스가.
お願いがあるんですが。(ねが)
부탁이 있는데요.

춋또 오키끼시따이노데스가.
ちょっとお聞きしたいのですが。(き)
좀 여쭙고 싶은데요.

단어

手を貸す(て・か)[테오카스] 손을 빌리다, 돕다　もちろん[모찌론] 물론　資料(しりょう)[시료-] 자료
まとめる[마또메루] 정리하다

대화문 2

이마, 이소가시이 데 스 까?
A 今(いま)、忙(いそが)しいですか。

이 이 에, 이마와 다이죠오 부 데 스.
B いいえ、今(いま)は大丈夫(だいじょうぶ)です。

쟈 아, 춋 또 테 쯔닷 떼 모 랏 떼 모 이 이 데 스 까?
A じゃあ、ちょっと手伝(てつだ)ってもらってもいいですか。

코 노 시료- 오 샤 쵸-시츠니 못 떼 잇 떼 구 다 사 이.
この資料(しりょう)を社長室(しゃちょうしつ)に持(も)っていってください。

와 까 리마 시 따.
B 分(わ)かりました。

A 지금 혹시 바빠요?
B 아니요, 지금은 괜찮습니다.
A 그럼 조금 도와주실 수 있어요? 이 자료를 사장실로 갖다 주세요.
B 알겠습니다.

단어

手伝(てつだ)う[테쯔다우] 돕다 社長室(しゃちょうしつ)[샤쵸-시츠] 사장실

92 도움을 주려고 할 때

나니까　오 테 쯔다이 시 마 쇼　오 까?

何かお手伝(てつだ)いしましょうか。

제가 좀 도와드릴까요?

관련 표현

테 쯔다 이　마 쇼　오 까?

手伝(てつだ)いましょうか。

도와줄까요?

나니 오 스 레 바 이 이 데 쇼　오 까?

何(なに)をすればいいでしょうか。

제가 무엇을 하면 될까요?

PLUS *(제안에 승낙하는 대답)

이 이 데 스 요.

いいですよ。

좋아요.

사 시 쯔까 에 나 께 레 바....

差(さ)し支(つか)えなければ...。

지장이 없으면....

대화문 1

나니까 오 테쯔다이 시마 쇼 오 까?

A 何(なに)かお手伝(てつだ)いしましょうか。

이 이 에, 무 시로 마따 세 떼 시맛 떼 고멘 나 사이.

B いいえ、むしろ待(ま)たせてしまってごめんなさい。

윳 꾸리얏 떼 구다 사 이. 오왓 따 라 잇 쇼 니

A ゆっくりやってください。終(お)わったら一緒(いっしょ)に

숏 핑 구 데 모 시 마 쇼 오 까?

ショッピングでもしましょうか。

이 이 데 스 네!

B いいですね！

A 제가 좀 도와드릴까요?

B 아니에요, 오히려 기다리게 하고 있어서 죄송해요.

A 천천히 하셔도 돼요. 끝나면 같이 쇼핑이라도 할까요?

B 좋아요!

Tip

する와 やる는 '하다'라는 똑같은 의미를 가지고 있는데, 둘 중 어느 쪽을 사용하느냐에 따라 뉘앙스의 차이가 있다. する는 하품, 트림 등 의지 없이 일어나는 자연스러운 현상에도 쓰일 수 있는 한편 やる는 그렇지 않으며, する와는 달리 의지적인 뉘앙스를 가지고 있고, 단독으로 쓸 수 있기도 하다.

단어

待(ま)たせる[마따세루] 기다리게 하다 終(お)わる[오와루] 끝나다 ショッピング[숏핑구] 쇼핑

코오 잔교오난 데스.
きょう ざんぎょう
A 今日残業なんです。

나니까 오 테 쯔다이 시마 쇼 오 까?
なに て つだ
B 何かお手伝いしましょうか。

쟈 아. 오코또 바 니 아마 에 떼....
ことば あま
A じゃあ、お言葉に甘えて…。

코 노 쇼루이오코 피- 시떼 모라 에 마 스 까?
しょるい
この書類をコピーしてもらえますか。

오 야스이 고 요오데 스 요.
やす よう
B お安いご用ですよ。

A 오늘 저녁에 야근해야 돼요.
B 제가 좀 도와드릴까요?
A 그럼 염치 불구하고…. 이 서류 좀 복사해주실 수 있나요?
B 쉬운 일인데요 뭘.

Tip

お安(やす)いご用(よう)란 전혀 어렵지 않은 쉬운 일을 말한다. 상대방에게 부탁을 받았을 때 상대방이 미안해하지 않도록 배려하여 쉬운 일이라며 흔쾌히 수락할 때 쓰는 말이다. 회화에서 자주 쓰이는 표현이므로 기억해두자.

단어

残業(ざんぎょう)[잔교-] 야근 言葉(ことば)に甘(あま)える[코또바니아마에루] 상대의 호의를 받아들이다 書類(しょるい)[쇼루이] 서류 コピー[코피-] 복사 ...てもらう[떼모라우] ~해 받다

93 도움을 사양(거절)할 때

이 이 에, 다이죠오부 데 스. 키 니 시 나 이 데 구 다 사 이.

いいえ、大丈夫(だいじょうぶ)です。気(き)にしないでください。

아닙니다, 괜찮아요. 신경 쓰지 않으셔도 돼요.

관련 표현

이 이 에, 다이죠오부 데 스. 와따시가 데 끼 마 스.

いいえ、大丈夫(だいじょうぶ)です。私(わたし)ができます。

아닙니다, 괜찮아요. 제가 할 수 있어요.

이 이 에, 다이죠오부 데 스. 오 사키니 도 오 조.

いいえ、大丈夫(だいじょうぶ)です。お先(さき)にどうぞ。

아닙니다, 괜찮아요. 먼저 가세요.

PLUS

이 이 에, 겟 꼬오데 스.

いいえ、けっこうです。

아니오, 됐습니다.

↳ 이 표현은 상대의 의뢰나 제안에 감사는 하지만, 어쩔 수 없이 거절을 해야 할 때 쓰이는 표현이다. 「けっこうです」는 「いいです」나 「十分(じゅうぶん)です」 등으로 바꾸어 표현할 수도 있다.

Tip

'お先(さき)にどうぞ'는 단순히 '먼저 가라'라는 뜻뿐만 아니라 식사 자리에서 '먼저 드세요'라고 쓰이는 등 남에게 먼저 하라고 권유할 때 자주 쓰인다.

나니 까 오 테 쯔다이 시 마 쇼 오 까?
なに てつだ
A 何かお手伝いしましょうか。

이 이 에, 다이죠오 부 데 스. 와따시가 데 끼 마 스.
だいじょうぶ わたし
B いいえ、大丈夫です。私ができます。

히또리 데 데 끼 나 이 코 또 가 앗 따 라,
ひとり
A 一人でできないことがあったら、

보꾸오 욘 데 구 다 사 이 네.
ぼく よ
僕を呼んでくださいね。

오 끼 즈까이 아 리 가 또 오 고 자 이 마 스.
き づか
B お気遣いありがとうございます。

A 제가 도와드릴까요?
B 아닙니다, 괜찮아요. 제가 할 수 있어요.
A 혼자서 하기 어려운 게 있으면, 절 불러주세요.
B 신경 써주셔서 감사합니다.

Tip

~たら는 '~하면'이라는 가정 표현으로 과거 표현 + たら의 형태이다. 예를 들면 高(たか)かったら(높다면), 有名(ゆうめい)だったら(유명하다면), 着(つ)いたら(도착하면) 등으로 나타낼 수 있다.

단어

できる[데끼루] 할 수 있다 一人(ひとり)で[히또리데] 혼자서 呼(よ)ぶ[요부] 부르다 気遣(きづか)う[끼즈까우] 마음을 쓰다, 염려하다, 걱정하다

대화문 2

오 테 쯔다이 시 마 쇼 오 까?
A お手伝(てつだ)いしましょうか。

이 이 에, 다이죠오 부 데 스. 키 니 시 나 이 데 구 다 사 이.
B いいえ、大丈夫(だいじょうぶ)です。気(き)にしないでください。

쟈 아, 오 사키 니 시츠레에시 마 스 네.
A じゃあ、お先(さき)に失礼(しつれい)しますね。

오 츠카 레 사 마 데 시 따!
B お疲(つか)れさまでした！

A 도와드릴까요?
B 아닙니다, 괜찮아요. 신경 쓰지 않으셔도 돼요.
A 그럼 저 먼저 퇴근할게요.
B 수고하셨습니다!

Tip

위의 본문에서 쓰인 'お疲(つか)れさまでした'는 직장 회의를 포함한 대부분의 단체 활동에서 활동이 마무리 됐을 때 자주 쓰이는 표현이다. 위의 표현은 주로 자기보다 윗사람이 있을 때 쓰는 경우가 많고, 친한 친구나 자기보다 아랫사람만 있는 경우는 줄여서 'お疲(つか)れ'만 쓰기도 한다.

단어

気(き)にする[키니스루] 신경 쓰다 先(さき)に[사키니] 이전에, 전에, 먼저 お疲(つか)れさまでした[오츠카레사마데시따] 수고하셨습니다

94 길을 물어볼 때

스 미 마 셍, 코 노 헨 니 홍 야 와 아 리 마 스 까?

すみません、この辺(へん)に本屋(ほんや)はありますか。

실례합니다, 이 근처에 서점이 있나요?

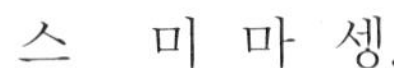

관련 표현

스 미 마 셍,

すみません、

코 노 헨 니 깅 꼬오 와 아 리 마 스 까?

この辺(へん)に銀行(ぎんこう)はありますか。

실례합니다, 이 근처에 은행이 있나요?

스 미 마 셍, 코 노 치카 꾸 니 치 카 테쯔 에끼 와

すみません、この近(ちか)くに地下鉄駅(ちかてつえき)は

아 리 마 스 까?

ありますか。

실례합니다, 이 근처에 전철역이 있나요?

PLUS

스 미 마 셍, 에끼 에 와 도 오 잇 따 라

すみません、駅(えき)へはどう行(い)ったら

요 이 데 쇼 오 까?

よいでしょうか。

미안합니다, 역은 어떻게 가면 좋을까요?

↳「すみません」은 모르는 사람에게 말을 걸거나 부탁할 때도 쓰인다.

대화문 1

스 미 마 셍, 코노 헨 니 유우 빙 쿄쿠와 아 리 마 스 까?
A すみません、この辺(へん)に郵便局(ゆうびんきょく)はありますか。

스 구 마에 니 아 리 마 스 요.
B すぐ前(まえ)にありますよ。

도 오 얏 떼 이 께 바 이 이 데 스 까?
A どうやって行(い)けばいいですか。

마에 노 호오꼬오니 맛 스 구 아루이 따 라 스 구 미 에 마 스.
B 前(まえ)の方向(ほうこう)にまっすぐ歩(ある)いたらすぐ見(み)えます。

A 실례합니다, 이 근처에 우체국이 있나요?
B 바로 앞에 있어요.
A 어떻게 가죠?
B 앞으로 쭉 걸어가면 바로 보입니다.

Tip

どうやって는 일본어에서 '어떻게 해서, 어떻게'를 나타내는 말이며 どのようにして의 구어체적인 줄임 표현이다. 일상 회화에서는 どうやって를 쓰도록 하자.

단어

この辺(へん)[코노헨] 이 근처 郵便局(ゆうびんきょく)[유우빙쿄쿠] 우체국 すぐ[스구] 금방, 바로 どうやって[도오얏떼] 어떻게 の方向(ほうこう)に[노호오꼬오니] ~쪽으로 歩(ある)く[아루쿠] 걷다

대화문 ❷

스 미 마 셍,　　코 노 치까꾸 니 깅 꼬오와 아 리마 스 까?
A すみません、この近(ちか)くに銀行(ぎんこう)はありますか。

마에노 호오꼬오니 깅 꼬오가 아 루 또 오모 이 마 스.
B 前(まえ)の方向(ほうこう)に銀行(ぎんこう)があると思(おも)います。

고 꼬 까 라 토오이 데 스 까?
A ここから遠(とお)いですか。

손 나 니 토오꾸 와 나 이 데 스.
B そんなに遠(とお)くはないです。

쥿 풍 쿠 라 이 아루이 따 라 츠 키 마 스 요.
10分(ぷん)くらい歩(ある)いたら着(つ)きますよ。

A 실례합니다, 이 근처에 은행이 있나요?
B 앞쪽에 은행이 있는 것 같아요.
A 이곳으로부터 머나요?
B 그렇게 멀지 않아요. 10분 정도 걸으면 도착해요.

PLUS

파 레 스 호 떼 루 에 이 꾸 미찌 오 오시 에 떼 구 레 마 스 까?
パレスホテルへ行(い)く道(みち)を教(おし)えてくれますか。
팔레스 호텔로 가는 길을 가르쳐 줄래요?

우에 노 코오 엥 와 고 노 미찌데 이 인 데 쇼 오 까?
上野公園(うえのこうえん)はこの道(みち)でいいんでしょうか。
우에노 공원은 이 길로 가면 됩니까?

단어

近(ちか)く[치까꾸] 가까운 곳, 근처　まえ[마에] 앞　銀行(ぎんこう)[깅꼬오] 은행　遠(とお)い[토오이] 멀다
歩(ある)く[아루꾸] 걷다, 산책하다　着(つ)く[츠쿠] 도착하다

95 길을 알려줄 때

맛 스 구아루이 떼, 코오 사 뗑오 스기따 라

まっすぐ歩(ある)いて、交差点(こうさてん)を過(す)ぎたら

스 구데스.

すぐです。

쭉 앞으로 걸어가서, 사거리를 지나면 바로 있어요.

관련 표현

스 미 마셍 가, 안 나이 죠 니 잇 떼

すみませんが、案内所(あんないじょ)に行(い)って

키 이 떼 미 따 라 도 오 데 스 까?

聞(き)いてみたらどうですか。

죄송한데, 안내소에 가서 물어보는 게 어떠세요?

스 미 마 셍. 와따시모 호 까 노 토 꼬 로 까 라

すみません。私(わたし)もほかのところから

키 따 노 데, 미치니 쿠와시 꾸 나 인 데 스.

来(き)たので、道(みち)に詳(くわ)しくないんです。

죄송합니다. 저도 타지인이라서요, 이곳이 익숙하지 않아요.

PLUS

고 노 미찌오 맛 스 구 잇 떼 구 다 사 이.

この道(みち)を真(ま)っ直(す)ぐ行(い)ってください。

이 길로 곧장 가세요.

스 미 마 셍 가, 코 노 헨 니 미 즈 호 깅 꼬오 와

A すみませんが、この辺(へん)にみずほ銀行(ぎんこう)は

아 리 마 스 까?

ありますか。

고 멘 나 사 이. 와따시 모 요 쿠 시 라 나 이 데 스.

B ごめんなさい。私(わたし)もよく知(し)らないです。

소 오 난 데 스 네. 와 까 리 마 시 따.

A そうなんですね。分(わ)かりました。

호 까 노 히또 니 키 이 떼 미 떼 구 다 사 이.

B ほかの人(ひと)に聞(き)いてみてください。

A 실례하겠습니다, 이 근처에 미즈호 은행이 있나요?
B 죄송해요. 저도 잘 몰라요.
A 그렇군요. 알겠습니다.
B 다른 분에게 물어보세요.

Tip

'다른 사람'이라고 해서 직역하여 違う人(ちがうひと)라고 하기 보다는 이런 상황에는 '다른, 그 외의'라는 의미를 나타내기 위해 ほかの를 사용하는 것이 적절하다.

단어

知(し)る[시루] 알다　そう[소오] 그렇게, 그리　なんです[난데스] ~입니다

대화문 2

코 노 치카 꾸데 바 자― 오 히라꾸토 키 이 딴 데 스 께 도,
A この近(ちか)くでバザーを開(ひら)くと聞(き)いたんですけど、
도 꼬카 고 존 지 데 스 까?
どこかご存(ぞん)じですか。

스 미 마 셍 가, 와따시모 시 라 나 꾸 떼
B すみませんが、私(わたし)も知(し)らなくて、
호 카 노 히또 니 키 이 떼 미 떼 구 다 사 이.
ほかの人(ひと)に聞(き)いてみてください。

아, 와 까 리 마 시 따. 시쯔레에시 마 시 따.
A あ、分(わ)かりました。失礼(しつれい)しました。

히토 가 입 빠 이 이 마 스 케 도
B 人(ひと)がいっぱいいますけど、
아 소 코 쟈 나 이 데 스 까?
あそこじゃないですか。

A 이 근처에서 바자회 활동을 한다고 들었는데 어디인지 아세요?
B 죄송한데 저도 잘 몰라서, 다른 분에게 물어보세요.
A 아, 알겠습니다. 실례했습니다.
B 사람이 많은데, 저기 아닌가요?

Tip

ご存(ぞん)じですか・ご存(ぞん)じでしょうかは 知(し)っていますか(아나요, 아세요)의 정중한 표현이다.

단어

バザー[바자―] 바자회　開(ひら)く[히라꾸] 열다　いっぱい[입빠이] 그릇, 장소 따위에 가득 차 있는 모양　あそこ[아소코] 저기

96 힘들다고 할 때

사이 낑 츠까레 떼 이 마 스.
さいきんつか
最近疲れています。
요즘 피곤해요.

관련 표현

사이 낑 츠까레 떼 이 루 노 와 잔 교오 노
さいきんつか　ざんぎょう
最近疲れているのは残業の
세 에 다 또 오모 이 마 스.
おも
せいだと思います。
요즘 피곤한 게 야근 때문인 것 같아요.

사이 낑 토 떼 모 츠라 이 데 스.
さいきん　つら
最近とても辛いです。
요즘 너무 힘들어요.

Tip

동사의 활용형 중 ている라는 표현은 '진행'과 '상태'를 나타낸다. 위의 예문은 요즘 피곤한 '상태'를 나타내기 때문에 疲(つか)れている라고 표현하는 것이 적절하다.
'~때문'이라는 원인을 나타내는 표현은 ~のせい라 표현한다. 부정적인 뉘앙스가 있으니, 긍정적인 뉘앙스를 가진 おかげで(덕분에)와는 구분하여 사용하도록 하자.

대화문 1

사이 낑 츠까레 떼 이 마 스.
さい きん つか
A 最近疲れています。

시 고또노 스 토 레 스 가 타 맛 떼 이 루 까 라
し ごと
B 仕事のストレスがたまっているから

난 쟈 나 이 데 스 까?
なんじゃないですか。

소 오 다 또 오모이 마 스.
おも
A そうだと思います。

쟈 아, 콘 슈우 노 슈우 마쯔 니 야마 니 이 꾸 노 와 도 오
こんしゅう しゅうまつ やま い
B じゃあ、今週の週末に山に行くのはどう

데 스 까? 스 토 레 스 카이쇼오 데 끼 루 또 오모이 마 스 요.
かいしょう おも
ですか。ストレス解消できると思いますよ。

A 요즘 피곤해요.
B 업무 스트레스가 쌓여서 그런 거 아니에요?
A 그런 것 같아요.
B 그럼 이번 주말에 등산 가는 것 어때요? 스트레스 풀 수 있을 거예요.

Tip

여기서는 스트레스가 쌓여 있는 상태를 나타내기 때문에 ている형인 ストレスがたまっている라고 표현하는 것이 적절하다.

단어

疲れる(つか)[츠까레루] 피곤하다, 지치다　ストレス[스토레스] 스트레스　そうだ[소오다] 그렇다, 그러하다　と[또] (내용을 가리키는 데 씀) ~(라)고　山(やま)[야마] 산　解消(かいしょう)[카이쇼오] 해소

대화문 2

사이 낑 토떼 모 쯔라이 데 스.
A 最近(さいきん)とても辛(つら)いです。

도 오 카 시 딴 데 스 까?
B どうかしたんですか。

벵 꾜오 시 나 가 라 바 이 또 모 시 떼 가꾸 히 오
A 勉強(べんきょう)しながらバイトもして学費(がくひ)を

카세 가 나 쿠 챠 이 께 나 인 데 스.
稼(かせ)がなくちゃいけないんです。

각 꼬오 니 잇 떼 세에 후 노 다이 가쿠세에 시 엔
B 学校(がっこう)に行(い)って政府(せいふ)の大学生支援(だいがくせいしえん)

프 로 그 라 무 또 까 시라베 떼 미 따 라 도 오 데 스 까?
プログラムとか調(しら)べてみたらどうですか。

A 요즘 너무 힘드네요.
B 무슨 일 있어요?
A 공부하면서 또한 아르바이트도 해서 학비를 벌어야 해서요.
B 학교에 가서 정부가 제공해주는 대학생 지원 프로그램 같은 걸 알아보는 건 어때요?

Tip

우리말로 아르바이트를 줄여서 '알바'라고 하듯이 일본에서는 アルバイト를 줄여서 'バイト'라고 한다. '~하면서'는 'ます형 + ながら'로 나타낼 수 있다. 예를 들어, 音楽(おんがく)を聴(き)きながら(음악을 들으면서), ダイエットをしながら(다이어트를 하면서), 道(みち)を歩(ある)きながら(길을 걸으면서) 등으로 표현할 수 있다.

단어

辛(つら)い[쯔라이] 힘들다 バイト[바이또] 아르바이트 学費(がくひ)[가쿠히] 학비 稼(かせ)ぐ[카세구] (돈을) 벌다 政府(せいふ)[세에후] 정부 支援(しえん)プログラム[시엔프로그라무] 지원 프로그램

97 고민을 이야기할 때

나야미 고또가 아리마스.

悩(なや)み事(ごと)があります。

고민이 있어요.

관련 표현

나야미 고또가 아룬 데스케도, 도오스레바이이까 와까리마셍.

悩(なや)み事(ごと)があるんですけど、どうすればいいか分(わ)かりません。

저는 고민이 있는데 어떻게 해야 할지 모르겠어요.

나야미 고또가 아룬 데스께도, 테쯔닷떼 모랏떼모이이데스까?

悩(なや)み事(ごと)があるんですけど、手伝(てつだ)ってもらってもいいですか。

제가 고민이 있는데 도와줄 수 있어요?

Tip

'어떻게 하면 좋을지'는 どうすればいいか로 표현하며, '어떻게 하면 좋을까요?'라는 의문문은 どうすればいいでしょうか가 적절하다.

나야미 고또가 아룬 데스 께도,
A 悩(なや)み事(ごと)があるんですけど、

도 오 스 레 바 이 이 까 와 까 리 마 셍.
どうすればいいか分(わ)かりません。

도 오 시딴 데 스 까?
B どうしたんですか。

스 키 나 온나 노 코 가 이 룬 데 스 케 도, 도 오 얏 떼
A 好(す)きな女(おんな)の子(こ)がいるんですけど、どうやって

코꾸하꾸스 레 바 이 이 까 와 까 라 나 인 데 스.
告白(こくはく)すればいいか分(わ)からないんです。

와따시모이 이 호-호- 오 캉가에 떼 미 마 스.
B 私(わたし)もいい方法(ほうほう)を考(かんが)えてみます。

A 제가 고민이 좀 있는데 어떻게 해야 할지 모르겠어요.
B 무슨 일인데요?
A 좋아하는 여자애가 있는데 어떻게 고백해야 할지 모르겠어요.
B 저도 좋은 방법을 생각해 볼게요.

단어

悩(なや)み事(ごと)[나야미고또] 고민거리, 고민　どうやって[도오얏떼] 어떻게
告白(こくはく)[코꾸하꾸] 고백

대화문 2

나야미 고또가 아룬 데스께도, 이이 캉가에오 히끼다
A 悩み事があるんですけど、いい考えを引き出
세루요오테츠닷떼 모랏떼모이이데스까?
せるよう手伝ってもらってもいいですか。

나야밋떼 난데스까?
B 悩みって何ですか。

보꾸또 죠우시또데 이껭가 부쯔카리 아운 데스.
A 僕と上司とで意見がぶつかり合うんです。

와따시노캉가에 데와, 나까무라상 까라 셋꾜꾸떼끼니
B 私の考えでは、中村さんから積極的に
하나시 앗떼미따라도오데스까?
話し合ってみたらどうですか。

A 제가 고민이 있는데 좋은 생각을 끌어낼 수 있게 도와줄 수 있어요?
B 고민이 뭐죠?
A 저랑 상사랑 의견 충돌이 있어서요.
B 제 생각에는 나카무라 씨부터 적극적으로 얘기를 나눠보는 게 좋을 것 같아요.

Tip

引き出す는 '끌어오다'라는 의미를 가지고 있는데, 이와 관련된 단어로는 명사형인 引き出し가 있다. 이는 서랍, 혹은 인출을 뜻한다.

단어

考え[캉가에] 생각 引き出す[히끼다스] 끌어오다 上司[죠우시] 상사 ぶつかる[부쯔카루] 충돌하다, 부딪치다 積極的[셋꾜꾸떼끼] 적극적

98 다시 말해달라고 할 때

모 오이찌 도 잇 떼 구다 사 이.

もう一度(いちど)言(い)ってください。

다시 한번 말씀해 주세요.

관련 표현

요 꾸키 끼 토레 나 깟 따 노데 스 가,

よく聞(き)き取(と)れなかったのですが、

모 오이치 도 잇 떼 쿠레 마 셍 까?

もう一度(いちど)言(い)ってくれませんか。

잘 알아듣지 못했는데, 한 번 더 말해줄 수 있나요?

니 홍 고 가 아마 리죠오 즈 쟈 나 이 노 데,

日本語(にほんご)があまり上手(じょうず)じゃないので、

모 오이찌 도 잇 떼 구 다 사 이.

もう一度(いちど)言(い)ってください。

제가 일본어를 잘 못해서 다시 한번 말해 주세요.

Tip

'말을 알아듣다'라는 의미에서의 '듣다'는 聞(き)く보다 聞(き)き取(と)る가 더 적절하다. '말하다'라는 뜻의 표현은 다양한데, 먼저 言(い)う의 경우는 발화에 초점이 된 '말하다'에 가까우며, 話(はな)す와 語(かた)る는 '이야기하다'에 가깝고, 喋(しゃべ)る는 '수다를 떨다'라는 의미에 가깝다.

대화문 1

모 오 이찌도 잇 떼 쿠 레 마 셍 까?

A もう一度(いちど)言(い)ってくれませんか。

하 이, 와따시가 윳 꾸 리 이이 마 스 네.

B はい、私(わたし)がゆっくり言(い)いますね。

콘 도 와 요 꾸 키 꼬 에 마 시 따.

A 今度(こんど)はよく聞(き)こえました。

아 리 가 또 오 고 자 이 마 스.

ありがとうございます。

키 끼 토 리 가 무즈까시이 데 스 요 네, 타 쿠 상 키 이 따 라

B 聞(き)き取(と)りが難(むずか)しいですよね、たくさん聞(き)いたら

킷 또 요 꾸 키 코 에 루 요 오 니 나 리 마 스 요.

きっとよく聞(き)こえるようになりますよ。

A 다시 한번 말씀해 주시겠어요?
B 그래요, 제가 천천히 말할게요.
A 이번에 잘 들었어요. 감사합니다.
B 듣기가 어렵죠, 많이 들으면 분명 잘 들리게 될 거예요.

Tip

충고할 때, '~하면 좋다'라는 의미에서의 '~하면'은 가정형 ~たら를 사용하는 것이 적절하다.

단어

ゆっくり[윳꾸리] 천천히, 느긋하게　聞(き)こえる[키꼬에루] 들리다　聞(き)き取(と)り[키끼토리] 듣기　難(むずか)しい[무즈까시이] 어렵다　たくさん[타쿠상] 많이

대화문 2

스 미 마 셍 가, 모 오 이찌 도 잇 떼 구 다 사 이.
A すみませんが、もう一度(いちど)言(い)ってください。

모 오 잇 까이 이 이 마 스 네. 리 까이 데 키 마 시 따?
B もう一回(いっかい)言(い)いますね。理解(りかい)できました？

마 따 리 까이데 끼 마 셍 데 시 따.
A また理解(りかい)できませんでした。

다이죠오 부 데 스 요. 보꾸가 카 이 떼 미 세 떼 아 게 마 스.
B 大丈夫(だいじょうぶ)ですよ。僕(ぼく)が書(か)いて見(み)せてあげます。

A 죄송한데, 다시 한번 말씀해 주세요.
B 다시 말할게요. 이해했어요?
A 또 이해 못했어요.
B 괜찮아요, 제가 써서 보여드릴게요.

단어

理解(りかい)する[리까이스루] 이해하다 書(か)く[카쿠] 쓰다 見(み)せる[미세루] 보여주다

99 물건을 사달라고 할 때

코-　라 캇　떼 키 떼 쿠 레 마 스 까?

コーラ買(か)ってきてくれますか。

콜라 좀 사다 줄 수 있어요?

관련 표현

쇼오 유 잇 뽕 캇　떼 키 떼 쿠 레 루?

醤油(しょうゆ)一本(いっぽん)買(か)ってきてくれる?

간장 한 병 사다 주실래요?

아 이 스 코- 히- 캇　떼 키 떼 쿠 레 루?

アイスコーヒー買(か)ってきてくれる?

아이스커피 좀 사다 주실래요?

Tip

일본어에서 개수를 세는 표현은 여러가지가 있다. 일반적으로 '~개'를 표현하는 표현은 '~個(こ)'인데 사물의 유형에 따라 표현이 달라진다. 예컨대 종이를 세는 단위 '장'은 '枚(まい),' 병처럼 기다란 것을 셀 때는 '本(ほん)'을 쓴다. 다만 발음에 유의해야 한다. 기본 발음은 'ほん'이지만 앞에 붙는 숫자에 따라 'ぽん'이나 'ぼん'이 될 수 있다.

대화문 1

아 나 따,　카에리 미치니 쇼오 유 잇 뽕 캇　떼 키떼 쿠레 루?
かえ　みち　しょうゆ いっぽん か
A あなた、帰り道に醤油一本買ってきてくれる?

이에니 쇼오 유 나 이 노?
いえ　しょうゆ
B 家に醤油ないの?

응,　이 쯔 모 노 캇　떼 키떼 네.
か
A うん、いつもの買ってきてね。

와 캇　따 요.
わ
B 分かったよ。

A 남편, 돌아오는 길에 간장 한 병 사다 줄래요?
B 집에 간장 없어요?
A 응, 늘 사던 걸로 사와야 해요.
B 알겠어요.

Tip

일본어에는 사물의 개수를 셀 때 사용하는 다양한 단위가 있다. 기다란 막대 혹은 병을 셀 때 쓰는 단위는 本(ぽん)을 사용한다.
늘 사던 것, 늘 먹던 것, 늘 쓰던 것을 통틀어 いつもの(항상, 늘) + もの(것)를 줄여 いつもの라고 한다.

단어

帰り道(かえみち)[카에리미치] 귀갓길, 집에 돌아가는 길　醤油(しょうゆ)[쇼오유] 간장　買う(か)[카우] 사다
いつもの[이쯔모노] 늘 쓰던 것, 늘 사던 것

대화문 ❷

도 꼬 이 쿠 노?
A どこ行(い)くの?

콘 비 니.
B コンビニ。

쟈 아, 아 이 스 코- 히- 캇 떼 키 떼 쿠 레 루?
A じゃあ、アイスコーヒー買(か)ってきてくれる?

이 이 요.
B いいよ。

A 어디 가요?
B 저 편의점에 가요.
A 그럼 아이스커피 사다 줄 수 있을까요?
B 그래요.

PLUS

*(아이스커피에 대한 질문)

다레 또 논 데 미 따 이?
誰(だれ)と飲(の)んでみたい?
누구와 마시고 싶니?

*(편의점에서 계산할 때)

젬 부 데 이 꾸 라 데 스 까?
全部(ぜんぶ)でいくらですか。
전부해서 얼마입니까?

단어

どこ[도꼬] 어디, 어느 곳 コンビニ[콘비니] 편의점 アイスコーヒー[아이스코-히-] 아이스커피

100 자리를 바꿔줄 수 있는지 물을 때

세끼오 카에떼이따다께마셍 까?

席(せき)を変(か)えていただけませんか。

자리를 바꿔줄 수 있나요?

관련 표현

와따시또세끼오 카에루코또가 데끼마스 까?

私(わたし)と席(せき)を替(か)えることができますか。

저와 자리를 바꿀 수 있나요?

세끼오 카에떼모라에마스 까?

席(せき)を変(か)えてもらえますか。

저와 자리를 바꿀 수 있나요?

PLUS

*(바꾸려는 좌석의 위치를 물어볼 때)

소레와 낭가이니 아리마스 까?

それは何階(なんがい)にありますか。

그건 몇 층에 있습니까?

↳ 一階(いっかい)、二階(にかい)、三階(さんがい)、四階(よんかい)、五階(ごかい)、六階(ろっかい)、七階(ななかい)、八階(はっかい)、九階(きゅうかい)、十階(じっかい)

대화문 1

스 미 마 셍 가.
A すみませんが、

세끼오 카 에 떼 이 따 다 께 마 셍 까?
A 席(せき)を変(か)えていただけませんか。

도 꼬 노 세끼데 스 까?
B どこの席(せき)ですか。

마에까 라 고 방 메 노 세끼데 스.
A 前(まえ)から5番(ばん)目(め)の席(せき)です。

와 까 리마 시 따. 이 이 데 스 요.
B 分(わ)かりました。いいですよ。

A 죄송한데 자리를 바꿔 주실 수 있나요?
B 자리가 어디죠?
A 앞에서 다섯 번째 자리예요.
B 알겠습니다. 좋아요.

Tip

횟수를 나타낼 때, 우리말로 '한 번, 두 번...'이라고 표현하여 일본어로 番(ばん)와 回(かい)를 혼동하기 쉽다. 위 대화에서는 자리의 순서를 나타내는 것이므로 番(ばん)을 사용한다. 예를 들어, '일본에 세 번 간 적이 있습니다'에서의 세 번은 순서가 아닌 횟수를 나타내는 것이므로 三回(さんかい)를 사용해 '日本(にほん)に三回(さんかい)行(い)ったことがあります。'라고 하는 것이 옳다.

단어

席(せき)[세끼] 자리　変(か)える[카에루] 바꾸다　目(め)[메] (순서를 나타낼 때 붙이는 말) 째

대화문 2

아 노 오, 스 미 마 셍 가,

A あのう、すみませんが、

세끼오 카 에 떼 모 라 에 마 스 까?

席(せき)を変(か)えてもらえますか。

스 미 마 셍 가, 리 유- 오 키 이 떼 모 이 이 데 스 까?

B すみませんが、理由(りゆう)を聞(き)いてもいいですか。

토나리노세끼 가 와따시노 하하오야난 데 스.

A 隣(となり)の席(せき)が私(わたし)の母親(ははおや)なんです。

아, 소 오 닷 딴 데 스 네. 이 이 데 스 요.

B あ、そうだったんですね。いいですよ。

A 저기, 죄송한데 자리를 바꿔줄 수 있나요?
B 실례지만, 이유를 물어봐도 될까요?
A 옆자리가 저희 어머니거든요.
B 아, 그랬군요. 좋아요.

Tip

隣(となり)와 横(よこ)는 우리나라 말로 모두 '옆'이다. 이들 사이에도 차이점이 존재하는데, 隣(となり)는 같은 종류, 같은 수준의 것이 나란히 있는 경우를 말한다.

토나리노히또 우 찌 노 토나리
예) 隣(となり)の人(ひと)(옆 사람), うちの隣(となり)(우리 옆집)

반면, 横(よこ)의 경우 단순히 사물과 사물이 인접해 있는 관계를 나타낸다.

긴 꼬오와 홍 야 노 요꼬 니 아 루.
예) 銀行(ぎんこう)は本屋(ほんや)の 横(よこ)にある。(은행은 서점 옆에 있다.)

단어

理由(りゆう)[리유-] 이유 隣(となり)[토나리] 옆 母親(ははおや)[하하오야] 모친, 어머니